书与你
阅读之道的12堂课

韬奋基金会阅读组织联合会／主编

图书在版编目（CIP）数据

书与你：阅读之道的12堂课 / 韬奋基金会阅读组织联合会主编. — 北京：中国书籍出版社，2022.4
ISBN 978-7-5068-8945-2

Ⅰ.①书… Ⅱ.①韬… Ⅲ.①读书方法Ⅳ.①G792

中国版本图书馆CIP数据核字(2022)第037913号

书与你：阅读之道的12堂课

韬奋基金会阅读组织联合会　主编

责任编辑　庞　元　杨铠瑞
责任印制　孙马飞　马　芝
封面设计　东方美迪
出版发行　中国书籍出版社
地　　址　北京市丰台区三路居路 97 号（邮编：100073）
电　　话　（010）52257143（总编室）　（010）52257140（发行部）
电子邮箱　eo@chinabp.com.cn
经　　销　全国新华书店
印　　刷　北京睿和名扬印刷有限公司
开　　本　787毫米×1092毫米　1/16
字　　数　286千字
印　　张　16
版　　次　2022 年 4 月第 1 版　2022 年 4 月第 1 次印刷
书　　号　ISBN 978-7-5068-8945-2
定　　价　56.00 元

序

《书与你：阅读之道的12堂课》一书即将出版，“书与你——‘阅读’之道系列图书共读”公益活动的组织者、实施者赵从旻女士嘱我写个序，我没有理由推辞：此项活动，中国新闻出版研究院是指导单位之一，为活动的举办提供了一些人力支持；我应邀做了一场读书分享，直接参与了活动，与这本书有缘；另外，研究院长期关注全民阅读，研究阅读推广，我自己对阅读史研究也有兴趣，恰好借此机会谈几点想法。

韬奋基金会阅读组织联合会成立时间不长（2019年4月），但是在推动全民阅读方面所做工作却可圈可点，成立当年举办“文化行走　阅读中国——迎接中华人民共和国成立70周年70城共读活动”的项目，2021年举办“文化行走　阅读中国——庆祝中国共产党百年百场全国联读活动”等，对于一个没有资金、没有专职人员的民间阅读组织来说，完成如此庞大的阅读推广活动，其难度是可想而知的，何况2021年的新冠肺炎疫情仍然没有完全结束。但是他们做到了，不仅做到了，而且做得有板有眼、有声有色！本书就是活动的成果之一。能做出这么多的事，首先靠的是联合会的会长、秘书长等人对阅读的挚爱，对举办阅读活动的执著，没有他们八方筹措资金、联系主讲嘉宾、寻找合适的场地，活动难以举办，举办也难以持久；其次是与一批热爱阅读的志愿者的服务密不可分，每一场活动都可以看到志愿者的身影，他们或青春年少或满头白发，但热爱阅读的初心一样鲜红；第三是韬奋基金会对活动的指导与支持也至关重要。从韬奋基金会阅读组织联合会成立两年多来的实践，我们可以得到几个方面的启发：一是民间组织在阅读推广方面大有可为，“为”与“不为”，关键在人；二是阅读推广的形式多种多样，如何与别人的活动不一样，关键在创新；三是阅读活动的效果好不好，不是自己说而是听读者怎么说；四是全民阅读需要全民参与，在全民阅读活动中都是主角，没有配角。

关于读书的话题经久不衰，古今中外知名的和不知名的人，留下了数不胜数的关于读书的文字，记录了一代又一代读书人的心路历程；读书的话题历久弥新，越来越多的读书人通过不同的方式记录与分享着自己读书的感悟。因此关于读书，每个人都有不同的体验、都有自己的方法，每个人都有话说，也都可以说。大声说出你读书的体验、体会，分享你读书的喜怒哀乐，是读书的乐趣之一。古人说：独乐乐不如众乐乐。读书不分享不交流就是“独乐乐”，分享与交流才是“众乐乐”呀。分享也是读书的形式之一，并且是一种高级的形式。我们期待有更多的读书会、更多的平台，无论规模大小、人员多少、时间长短，能为更多人提供一个分享阅读体验的平台，我们也期待更多人把自己的阅读感悟写出来，分享你的欢乐、分享你的忧愁。

对于接受过教育的人来说，所有的人都接触过书。喜欢的，书成为你终生的朋友和伴侣，与你一起慢慢变老；不喜欢的，书与你中途分手，相忘于江湖。这都是正常的现象，没有好坏之分、高下之别。读书数量多少不能代表学识水平的高低，历史上有的人读书多，但只会“掉书袋”，有的人读书少，却能“半部《论语》治天下”，其区别是如何读书、如何汲取书中的智慧为我所用，而不是成为别人的书架。读书不是目的而是过程，我们要学会慢慢享受读书的过程，而不是盲目追求读书的数量。不以读书多少论英雄，并非提倡不读书少读书，而是说要会读书巧读书，要掌握读书的方法与技巧。

读书人喜欢劝人读书，就像教徒喜欢劝人入教一样，都是信仰的力量使然，所以有人讲劝人读书也是做功德。读书是一项于国于民都有益的活动，基于此，许多国家都提倡并推动全民阅读，一些国家还制定了阅读推广的法律。在中国，党和政府高度重视，不仅把全民阅读纳入国家规划写进法律，还成为党和国家领导人大力提倡的一项活动。纵观国际国内，能够纳入政府规划和领导人提倡的全民性活动并不多，除了阅读外，只有全民健身、全民科学素养而已。由此可以看出，阅读对于国家、对于人民的重要意义，也提高了我们从事阅读推广这一事业的自豪感、责任感、荣誉感。这也是许多阅读推广人、民间阅读组织虽面临种种困难仍痴心不改的力量所在。

今年，北京冬奥会的主题曲是《一起向未来》，表达了对未来美好生活的期待，在追求美好生活的大道上，强健的体魄与健全的心智缺一不可。大家把手牵起来，一起向未来。

全国政协委员 中国新闻出版研究院院长 魏玉山

2022 年 2 月 9 日初稿

2 月 10 日定稿

目录

前　言 / 1

导　语 / 5

从哲思到方法

——关于“阅读”的艺术 / 3

聂震宁

书是人类的自传

——“为什么读书”及其他 / 25

木　叶

每个人都有自己的阅读史

——在《阅读史》中理解阅读的意义 / 41

魏玉山

如何读，以及为什么这样读

——布鲁姆《如何读，为什么读》分享 / 61

石　恢

剑宗读书法猜测

——从《书读完了》谈起 / 89

黄德海

共读·共写·共同生活

——阅读与中国教育改造 / 103

朱永新

天下第一读书人，我读书故我存在

/ 125

刘忆斯

读经典，与有趣的灵魂对话

——如何构建自己的精神走廊 / 145

蔡　辉

经典作为社交货币

——为什么假装读书比假装有钱有害 / 165

方　希

愿你在书籍的世界里光芒万丈

——如何把书读成自己的 / 183

麦小麦

做个聪明的读书人

——在网络时代重读《如何阅读一本书》 / 201

陈章鱼

让文学之翼栖息在你的精神花园中

——看米兰·昆德拉论小说的不可替代 / 223

真　真

读后感 / 236

后　记 / 241

用经典的美与好，铸就我们的精神长廊

韬奋基金会阅读组织联合会（简称“韬奋基金会读联会”）是一个全国性的社会阅读组织集合平台，目前已有 147 个正式机构会员，覆盖了全国 24 个省市自治区的 67 个城市。

自 2014 年举办第一届全国读书会大会始，已成功举办七届全国读书会大会。韬奋基金会读联会一直致力于践行“全民阅读”推广的基本国策，各联盟成员及会员机构历年亦在全国举办多项阅读推广活动。2017 年，韬奋基金会读联会特别推出了“文化行走　阅读中国”这一阅读文化主题概念，并以年度全国大型联读活动的形式付诸实施，2017 年 4~7 月举办“文化行走　阅读中国——迎接香港回归 20 周年大型城市阅读接力活动”；2019 年 4~12 月举办“文化行走　阅读中国——迎接中华人民共和国成立 70 周年 70 城联读活动”。

2021 年，面对全球性的世纪疫情，纷乱不止的信息更替和现实空间的各种阻断，人类的认知界面、生活和工作的内容方式均发生了巨大的变化和迁移，也呈现出极强的不确定性。疫情之下，“全民阅读”呈现出需求更为旺盛的局面，人们希望：从阅读中寻找和凝练精神的支撑，从阅读中获取应变的知识和能量，从阅读中洞察世界的运行规则和秩序，从阅读中照见人类的未来。互联网技术的普及和易操作也让每一场共读活动既可以扁平化铺开，又可以直接下沉至每一个角落的读书会和每一位读友。线上共读已成为各阅读组织的首选方式和读友们的云中慰藉。

2021 年 4 月 26 日，韬奋基金会读联会在湖南长沙第四届亲子阅读产业峰会上正式发布和启动“文化行走　阅读中国”的第三次大型年度活动：“文化行走　阅读中国——庆祝中国共产党百年百场全国联读活动”，简称“百年百场联读”。在韬奋基金会、中国新闻出版研究院的特别指导下，韬奋基金会读联会于“百年百场联读”活动中，特别重点策划并联合韬奋基金会阅读促进专项基金和得到APP共同主办了“书与你——‘阅读’之道系列图书共读”公益活动（以下简称“书与你”）。

“书与你”以韬奋基金会读联会会员机构为主体受众，于各会员机构微信群内的微课直播为主要活动形式，意从专业维度进行阅读行为的深度且理性的理解，聚焦“阅读”本身：为什么读书？读什么书？怎么读？人与书的关系到底是什么？深度学习、挖掘、探讨“阅读的价值与意义”。“书与你”精选了12本中外经典“阅读”主题图书，邀请12位阅读文化界重磅嘉宾，用一系列的导读、深读、精读、共读方式，溯源阅读历史、探讨阅读价值、掌握阅读方法，厘清一些最普遍的阅读困惑和需要清晰直面的“阅读”的本质问题，在共读中建立阅读自信，探寻“阅读”与自我和他者的关系。

2021年5月“书与你”在新华社客户端、人民日报融媒体、光明日报、中国新闻社、澎湃新闻、腾讯新闻、出版人、中国新闻出版广电报、中国出版传媒商报等主流媒体和韬奋基金会读联会微信公众号等自媒体进行了各类新闻预告宣传，并于2021年5月15日由韬奋基金会理事长聂震宁先生分享他的作品《阅读的艺术》，开篇引领，直至10月23日，韬奋基金会读联会如期为全国会员机构成功举办12期线上公益共读活动，6期线下公益沙龙活动（后续6期因疫情防控终止），分享内容文字回顾也通过新华社客户端的发布完成了在公共领域更大层面的传播。

“书与你”在会员机构内的12期闭环线上直播，每期参与微信群近160个，总计直接触达人数近50万人次。因为共读，我们进行了全国读书会之间的有效联结；因为共读，我们聚焦了深浅适度、角度多样的经典“阅读”主题图书；因为共读，我们得到了更为开放、宽阔、个性的“阅读”主题书单；因为共读，嘉宾们独特优质的分享内容，让听者尽享精神之美。

“书与你”特别得到了全国阅读推广界的三位领军人物：聂震宁理事长、朱永新副主席和魏玉山院长的大力支持，北、上、广、深不同地域的阅读文化界嘉宾的不同职业背景和专业素养则呈现了多向的纵深内容。一个持续半年的饕餮精神之旅，“书与你”产出了近15万字有较高质量和持续时效性的深度且精彩的文字内容，各位分享嘉宾依据主讲图书各自展开的“阅读观”，精当、明晰、圆融、丰富：

聂震宁老师从阅读的哲思与方法中探讨“阅读的艺术”，大开大合；

木叶老师在回答“为什么读书”时直言：书是人类的自传，也是每个人的自传；

魏玉山老师在为读友们精心梳理人类 “阅读史”的方方面面时，细微之处提振每一位读者的阅读自信：每个人都有自己的阅读史，而且它一定是独一无二的；

石恢老师针对“为什么这样读”，为我们分享了想象性文学阅读的示范，激情四溢；

黄德海老师作为主讲图书的编者，深入浅出地解读学贯中西的大学者金克木先生一个个关于读书的宝藏级高妙见解，并感慨：金克木先生传达给我们的是经典的所有美和好；

朱永新老师将阅读视为改造中国教育最直接也是最有效的路径，犀利、现实、有力；

刘忆斯老师在详解“天下第一读书人”之时，举重若轻地道出平和实在的读书观：读书就是我们的生活，要学会与挑战和困境共存；

蔡辉老师以自身丰富的阅读体验，分享他的感受：读经典并不是因为它是正确的，而是为了和有趣的灵魂对话；

方希老师反讽假装读书的惺惺作态和由此带来的危害：经典如果作为社交货币、如果仅仅用于“知道”，经典的意义又何在？！

麦小麦老师将“书与你”的关系指向为：应该用生命体验和人生阅历把好书一本本纳入我们生命的版图；

陈章鱼老师结合当下，教授大家“如何阅读一本书”、如何做一个聪敏的读书人，他认为：通过好的读书方法，可以让自己变成一条知识的河流；

真真老师在谈论小说的不可替代之时，道出：不是小说需要读者，而是读者需要小说……

我们在一个个“阅读”的哲思与“阅读”的方法分享、探讨中，深深地感受到“阅读”之美。活动收官，意犹未尽之时，我们有幸得到了中国新闻出版研究院、中国书籍出版社以及12位分享嘉宾的支持，12期 “书与你”的分享内容继续结集以纸质出版的形式与广大读者见面。

让我们在“书与你”中，用经典的美与好，铸就我们的精神长廊。

韬奋基金会阅读组织联合会

2022年1月

“阅读”之道

书与你，有什么关系？

书与你，会如何发生关系？

你为什么需要读书？该读什么书？该如何读书？

……

关于读书，也许我们总有说不完的话题。也许我们并不一定会关心“为什么读书”，但一定会关心“读什么书”与“怎么读书”，也就是说，我们可能会更加关注阅读的选择与阅读的方法。

有许许多多的图书，正是为了解决我们的问题，专门讲述如何选择书，如何阅读书的。

但这里有两个值得深究的问题：

其一，如果我们没有学会该如何阅读一本书，那么我们也就同样不知如何去阅读一本讲述如何读书的书。那么，那些讲述如何读书的书，真的对我们有用吗？我们真的需要读那些别人来告诉我们自己如何读书的书吗？

其二，如果我们打算学习如何阅读一本书的方法，是不是应该先清楚我们要读的是什么样的书呢？因为不同的阅读对象，自然会有不同的阅读方法。但当我们打算为自己选择读什么样的书时，可能又会发现，我们其实面临一个更重要的前提性问题，即我们为什么读书？尤其是，为什么要读这样的书？

而“为什么读书”，又包含两个方面的问题：一是“为什么要读书”，这涉及阅读的意义；二是“为了什么读书”，这涉及阅读的目的。这两个方面的回应，才是我们阅读的前提。那么，关乎自己个体的读书意义和读书目的，别人能代替我们回答么？

面对这些需要深究的问题，可能就是我们现在要一起共读这 12 本关于读书的书的原因。我们选读的这 12 本书，恰好就有关于读什么、怎么读的建议，也有关于为什么读的回应。更重要的是，这并不是一次每个人都可能重复过的“以读悟读”的个体修炼，而是一次快乐的共读之旅，是有先行者的带领，有更多人智慧碰撞的分享之旅。

我想，共读的分享，一定会让我们体验到书的阅读之乐与阅读之趣，当然，也还有超乎其上的“阅读”之道。

最后我还想说明的是，这次“书与你——‘阅读’之道图书共读”，更强调的，其实并不仅仅是关于如何“阅读”的学习，也是如何开启人生旅程的实用指南。那么，文学——无疑在其中占据了最为醒目的核心位置。

韬奋基金会阅读组织联合会会长

石　恢

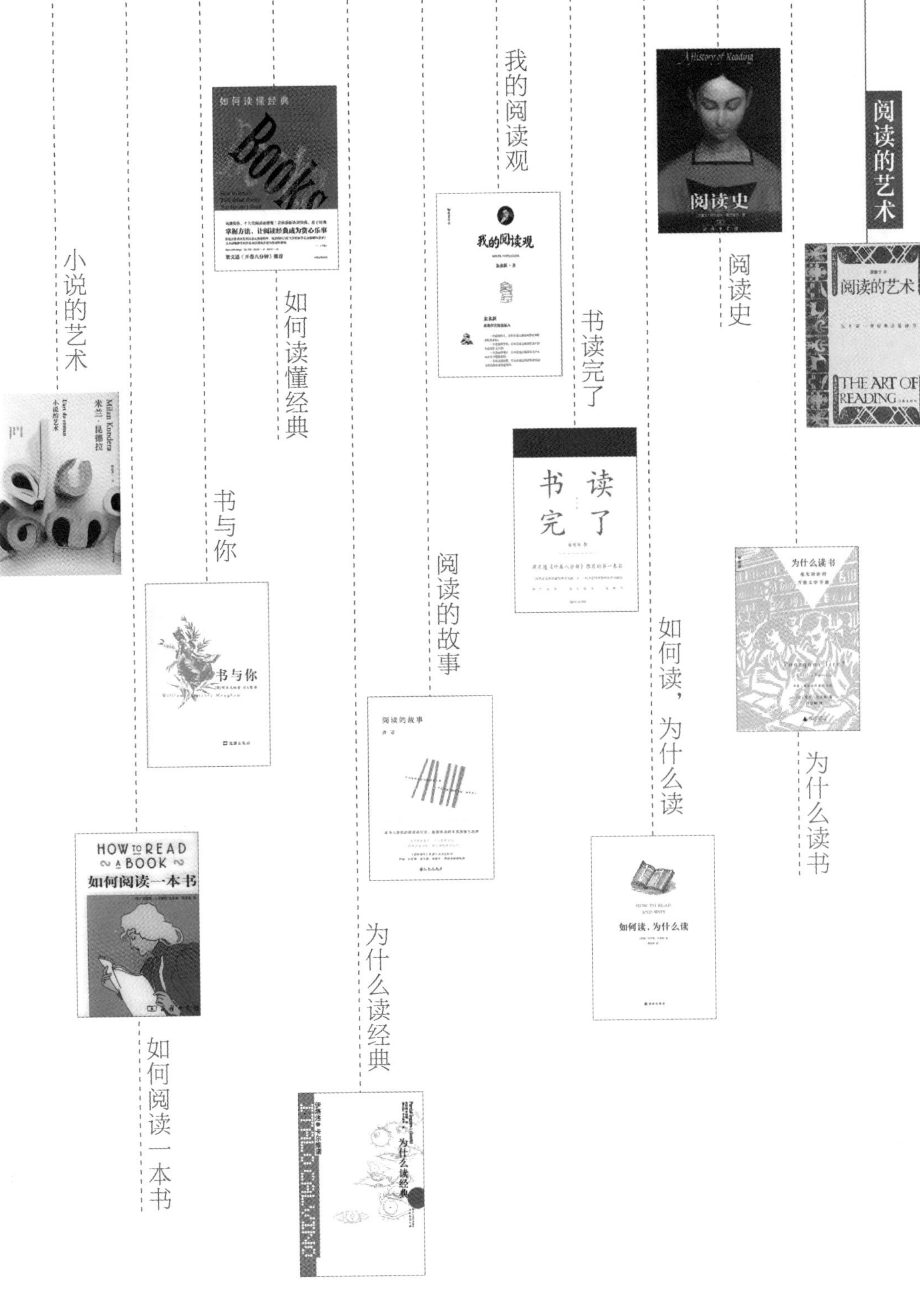

书与你

阅读之道的12堂课

《阅读的艺术》

聂震宁 著

作家出版社 2020年版

聂震宁

韬奋基金会理事长，第十、十一、十二届全国政协委员，中国作家协会会员。

毕业于北京大学中文系，获英国爱丁堡龙比亚大学名誉文学博士学位。曾先后任漓江出版社总编辑、社长，人民文学出版社社长兼总编辑，中国出版集团公司总裁等。曾获韬奋出版奖、首届庄重文学奖、新中国60年百名优秀出版人物等荣誉。

代表作品：《长乐——聂震宁小说选》《阅读力》《舍不得读完的书》《阅读的艺术》等。

聂震宁是全民阅读的倡导者、推动者、见证者、研究者和实践者。该书的内容，都发自他的心声，书的内容看似日常体会，所思所想，但这些体会和思考，实则是作者数十年如一日久久为功的体现，是作者多年来对“阅读学”深入研究和思考的结晶。

对读者而言，聂震宁从自己的阅读实践和思考出发，几乎全面地回答了日常阅读所遇到的所有问题。应该说，该书给读者提供了一个实现最好阅读的整体解决方案，真正能起到“打开书有收获，合上书有思考”的作用，也确实能解决普通读者阅读中的“翻开书就看，合上书就忘”的针对性问题。

——光明日报　谭华

《阅读的艺术》梳理了当下的阅读方式，将其划分为浅阅读、轻阅读、快餐阅读、电子阅读、消费阅读等，重新探讨阅读力对国民教育和国家民族发展的重要性，反对碎片化阅读。从整体看，《阅读的艺术》是一本对阅读有敬畏感的书。

——中国作协创研部副主任　李朝全

聂震宁先生是我国“全民阅读”政策的重要推动者之一。《阅读的艺术》一书辑录了聂震宁先生关于阅读、书籍及出版等方面的随笔、评论和演讲，共计六十余篇。本书分为阅读的哲思、阅读的方法、阅读的随想和阅读的笔记四大部分。“阅读的哲思”主要讨论阅读的价值、阅读的目的以及阅读与人类社会各方面的关联；“阅读的方法”是讨论阅读的具体方法，它与“阅读的哲思”一起构成阅读艺术的整体；“阅读的随想”集中了形形色色的阅读生活引发的一系列思考；而“阅读的笔记”则是一批阅读方法的实践和对一些经典必读书的解读。

聂震宁先生从读者、作者身份进入出版业，从业数十年，对阅读的价值、出版的意义及前景有着长期而细致的观察和独特的体悟，并以“阅读”为切入点，对整个文化生态有着深入的思考。聂震宁先生身兼“写书人”与“出书人”，一以贯之的是一个“读书人”的立场。《阅读的艺术》正是这样一本基于对阅读与文化持久深沉的情感与担当写就的读书之书。

分享嘉宾

聂震宁

韬奋基金会理事长

作家 出版家

从哲思到方法

——关于“阅读”的艺术

大家好，今天我给大家分享我写的一本书——《阅读的艺术》，这部书是2020年元月由作家出版社出版的，出版之后在北京举行了出版座谈会，请了很多专家来讨论，也产生了一些影响。紧接着，我们国家遭遇了新冠肺炎疫情，地面店的销售就出现了困难，网络上的销售一直能进行。到了三四月份，网络销售形成了比较大的规模，从网络上的销售和交流情况来看，大家对这部书还是很有兴趣的，因为我们国家正在进行全民阅读的推动，那么，全民阅读到底应该怎么读？为什么要读？在读书的过程中，我们应该有一些什么样的思考以及具体的实践？我的《阅读的艺术》这本书就从四个方面来给大家谈一谈阅读的问题。

一、《阅读的艺术》写了什么

《阅读的艺术》这部书分为四个部分，第一部分是“阅读的哲思”、

第二部分是“阅读的方法”、第三部分是“阅读的随想”、第四部分是“阅读的笔记”。

（一）阅读的哲思

我先给大家讲一讲“阅读的哲思”，这部分的一些文章在发表以后产生过比较好的影响，比如说《阅读的好时代和坏时代》在 2013 年发表后就产生了很大的影响，之后我发表过的《腹有诗书气自华》这篇文章也收录到这部书里，它也产生过比较广泛的影响。2018 年，又写了一篇影响比较大的文章叫作《改变：从阅读开始》，还有《年轻人要不要强制读经典》，等等。

这一部分的文章主要讨论阅读与社会的关系、阅读与人生的关系、阅读与我们个人成长的关系，以及阅读的历史所给我们的一些启示。

（二）阅读的方法

“阅读的方法”中有些文章也产生过比较大的影响，比如《阅读一定有方法》。在我看来，阅读一定要强调方法，有些书是你拿起来就可以读的，因为有口皆碑，但是有些书尽管有口皆碑，到了你这里可能觉得不好看、看不下去、读不完。每个人的心智发育、人生经历、社会见识都不一样，所以读每一本书，事实上是个人在跟作者进行一次面对面的交流，有的人能谈得通，有的人可能谈不通，所以一定要有方法。

阅读除了方法之外，我还提供一个很重要的意见——《一生熟读几本书》，这也是一篇被大量转载的文章，我建议大家既要博览群书，更要熟读一些书。博览群书，使我们有更好的信息量、有更广博的知识面、有更深的思考；而熟读几本书，则会使你在阅读领域上有重要收获和突破。

比如你能够熟读《红楼梦》，就很了不起，或者你能够熟读《西游记》，也很了得，因为很多人都没读过《西游记》，只记得大闹天宫、美猴王、三打白骨精等几个经典段子。事实上，《西游记》里有很多对

世俗生活的描写，是很有意思的，比如观音想拿一个钵扔下去，但又怕钵碎了。《西游记》里很多这样的描写我们都没有看过，为什么呢？因为我们看的是连环画、电视剧。

所以我们还是要熟读一些书，熟读什么书呢？当然要熟读经典，比如“熟读《唐诗三百首》，不会作诗也会吟”，你熟读一本书，可以说你就成了那本书的半个专家（不能说是一个专家，因为专家就要对它有更深的研究），半个专家就是哪一章哪一节写的哪一个问题，你能够把它复述回来，这是阅读非常重要的一种状态，叫作“阅读回想能力”。我看到过有的阅读教育专家说，阅读回想能力强、阅读推理能力强的学生，学习成绩往往比较好，这就证明阅读是有利于学习，还有利于学习力的提高的。

因此，第二部分讲的就是阅读的方法，我建议大家看看这里面收录的一篇《既要听课更要读书》。事实上既要听课，还要听书。听课是非常重要的一种学习方法。但只是听课，不听书，就是不听原著，那么你听到的都是一些纲领、一些观点、一些结论，你不知道它里面丰富的推理，如果只是听课，你就无法体验到文章的妙处、语言的趣味、表述的艺术。所以我主张大家除了听课，还要听书，更要看书。

为什么要看书呢？看书会使你对文字产生一种直接的美感印象。语言文字本身是具有美感的，尤其是汉字，它本身的象形表意结合得很好，还有会声、会意等。我们汉字的多种审美属性，可以供我们在阅读的时候产生更好的联想、更好的理解、更多的奇思妙想。另外，我们也不能够变成提笔忘字的人，多看看字，把字看得清楚一点，以后也不会在手机里面输入字的时候，只会用语音输入来交流。“再”和“在”永远都是一个“在”，很多人给我发“再见”，居然写了一个“现在”的“在”，或者“欢迎再来”也是现在的“在”。

我这篇文章事实上更是对大学生说的，现在有些大学生，就是老师讲课，他去上课，听完课以后只知道中国文学史上的第一部诗歌总集是

《诗经》，但没读过几首《诗经》中的诗。唐诗是唐代的诗歌艺术，是中华文化很灿烂的一个文学阶段，但是唐诗没记住几首，更不要说宋词、明清小说，都没有仔细去读过，于是上完了中国文学史，知道唐诗的特点是什么，但是没有办法谈具体的诗，因为读过的诗太少。

十几年前倡导全民阅读时，谈到大学生阅读的问题，就有著名教授提出，现在大学生不爱读书，读博士很热，读书不怎么热。如果我没记错的话，说这句话的是我们北大的著名教授陈平原先生，我觉得他说的特别准确。现在北大一个中文系就有几十个学生读书会，有读书会就一定证明他们在读书，因为读书会不可能是假的，三五个同学做一个读书会读《理想国》能够是假的吗？不会，你可以不读书，但是你参加了读书会，就是会好好读的，所以大学生现在读书比以前要好很多。但是现在又有了听书、听课，这很容易又变成了大学那种听课，现在的大学生听了课也要读书，所以我们的广大民众在听了课之后，也要读书的。读书和听课是两个层次，听课告诉我们线路图，读书是让我们具体享受阅读的高妙之处、阅读的趣味所在，是阅读对我们的直接滋养，它不仅仅是一个线路图，更是在给我们提供丰富的营养。所以既要听课还要读书，这也是这篇文章一个很重要的建议。

（三）阅读的随想

“阅读的随想”里面有《舍不得读完的书》《今天我们怎样读莫言》《在中国：谁最应当获诺贝尔文学奖》等，这些随笔跟阅读有很大关系，发表的时候也产生过很有意思的影响。

（四）阅读的笔记

“阅读的笔记”主要是我从2003年以来陆陆续续写的一些比较成文的读书笔记，我把它拿出来发表。第一篇就是《评点2003年的三本书》。2003年有三本书可以称为“作家之书”，第一本是王蒙的《我的人生哲学》，第二本是杨绛先生的《我们仨》，第三本是李国文先生的《中国文人的非正常死亡》。这三部书可以说各有特点：王蒙的《我的人生哲学》毫无疑问充满了智慧，杨绛先生的《我们仨》是人生的况味和知识分子生活与她的文化修养的关系，李国文先生的《中国文人的非正常死亡》很有风骨。所以2003年报纸约我评点几本书，我写了这三本书，并把它们叫作“作家三书”，为什么呢？我也是一个作家，我认为当作家要看这三部作品，它们对作家的修养很有好处，事实上，对每一个知识分子都有相当的好处。

这部分还收有评点《大地上的事情》的文章，《大地上的事情》的作者苇岸是一位北京作家，去世得比较早，他一直是写生态以及写人在生态当中的生存和感悟，北京的很多作家都非常认同他，《光明日报》在进行全年度好书评选的时候，把它评到十本好书里面。

另外，我还写了评点《出梁庄记》的文章，当时应《光明日报》的邀请做了一个大概500字的短评。《出梁庄记》是梁鸿女士的一部很重要的纪实文学作品，我在文中指出了作家在纪实文学写作上所具有的相当高的素质，这种素质就是对社会负责的素质、对生活态度认真的素质，同时还保持着非常淳朴的泥土气息。我还把她这本书和她前一部书《梁庄在中国》作了比较，认为《出梁庄记》写得尤其好。有时候讨论一部作品，你可以把它跟别的作品来比较，特别是跟这位作家的另外一部作品来比较，你会在阅读上得到一些新的启悟。

以上是对《阅读的艺术》这部书的简要介绍。

二、何谓“阅读的艺术”

我特别想跟大家讨论一下，我为什么把这本书叫作《阅读的艺术》。

什么是艺术？这个概念本来就非常复杂。比如我们经常说一个人写文章写得好不好，写得好，往往就是写作的艺术造诣比较高。因此，在

写文章上至少有两个层次，第一个层次是“对不对”，如果写得不对，让大家很失望，有时候也让自己很讨厌。第二个层次是写得“对”之外，还有写得“好不好”，这就是艺术。

这么说比较抽象，我举一个例子，先秦有一部很重要的战争著作《孙子兵法》，在中国人看来就是一本工具性的书。事实上这本书不仅是指导战争的战法，还有对战争的思考，比如说不战而屈人之兵、以柔克刚、不战而胜、以德服人，等等，所以它其实是一本关于战争的理论著作，也是一本关于战争的工具性著作。在美国是怎么翻译这本书的呢？翻译成“*The Art Of War*”，就是“战争的艺术”。我觉得翻译得很准。“战争的艺术”就意味着这里面有很多的哲学，我们可以看到这部书里是怎么来讨论战争的形式、战争的准备、战争的目的、战争规律性的掌握，还有具体的战法等。

那么对于一本阅读的书，我们讨论的话题有它的哲理成分、有它的方法成分、有它的随想成分，我们就可以称之为“阅读的艺术”。事实上，我们生活中有很多种艺术，比如领导的艺术、政治的艺术、企业管理的艺术、外交的艺术，人际关系也有艺术——交际的艺术、说话的艺术，还有教育的艺术，老师教育一个学生，引导得好，对其一辈子受用，引导得不好，立刻反感，形成一辈子的反叛，这种可能也是有的。所以说，“艺术”对我们来说太重要了。

比如去年新冠肺炎疫情期间，我们的白衣战士在前线抗疫的时候要有医疗技术，在医学界有一本很重要的书叫作《西氏内科学》，在这本书的第15版序言第一句话是：“医学，是一门艺术。”我们想到医学的时候都认为它是一门科学，但专家说当医学达到很高水准的时候，它就是一门艺术。我们中医也有很多名言，比如汉代医学家的名言“医者意也”，“医者”就是医生，“意也”是意念的意，就是医治别人事实上是在意念上要有很好的把握。《黄帝内经·灵枢·本神》中有一段话讲得非常清楚，特别是讲艺术的：“所以任物者谓之心；心有所忆谓之意；意之

所存谓之志；因志而存变谓之思；因思而远慕谓之虑；因虑而处物谓之智。”

作为一个医生，要保持着对对方意志和思虑的把握，要有认真考虑而后毅然处理的智慧，所以说医学也是要讲艺术的。

艺术本身也要讲艺术，只是有些艺术恐怕就不是艺术，仅仅是一种娱乐。当然娱乐也是一种艺术，高雅的娱乐就是娱乐的艺术。有时候，艺术被人称为低俗化，就是因为不够艺术。事实上，手风琴演奏、钢琴演奏也是有高雅艺术和通俗艺术之分的。

写作更有写作的艺术，写作的艺术讲得好，很深刻，让人回味无穷；写得太肤浅了，别人觉得是大白话，等于没写。

那么，读书当然也是要有艺术的。

大家听完我对艺术的理解以后，是不是觉得“艺术”事实上就是一种哲思、一种方法、一种体会？哲思、方法、体会，事实上就是一个艺术的过程。当然，艺术过程中还要有具体的实践，所以这本书里还有我的一批读书笔记，有些很成文，有些就是片段式的文字。我想让大家知道，读书不一定是写给别人看的，我把这些文字放到书里，让大家感觉到我在读书当中有心得而且记了下来，我觉得这样还是比较好的。

三、阅读的哲思

“艺术”首先要有比较好的思考，就是哲思。为什么用“哲思”呢？我觉得哲学往往是讲关系的，事物和事物之间的关系、事物与社会的关系、事物与环境的关系，等等，还有我们的体验，所以我把它称之为“哲思”。

（一）阅读的好时代和坏时代

“阅读的哲思”这部分有一些文章，我是认真地做过演讲并整理的，比如《阅读的好时代和坏时代》，我提出，我们现在正处在一个阅读的好时代，也正处在一个阅读的坏时代。

关于“阅读的好时代”，我举出几个方面来证明它是阅读的好时代，后来又专门写了一篇《从六个特征来看阅读的好时代》。

什么是阅读的坏时代呢？比如说一个炫富的时代，肯定对阅读是不好的；一个娱乐至死的时代，肯定对阅读是不好的；还有一个充满了功利的时代，肯定对阅读也是不好的，因为阅读不能够只是功利地阅读，小学升初中、初中升高中、高中升大学、大学后读研究生，这样读书完全是有目的的，其他跟我的目的没有关系的书很可能就被放弃了。比如说你读的是理工科，读的书可能就跟文学书毫不相干，可是没有文学，对于一个人来说是少了很多趣味的，而缺少了人文精神，缺少了文化的感染，对于一个人的心智成长发育是非常不利的。

所以，现在我们教育的目的是什么？是要全面发展的人，是要有核心素养的学生。如果只是充斥着功利地阅读，对人的成长、人的全面发展是没有好处的。

（二）从六个特征看阅读的好时代

我在《阅读的好时代和坏时代》后面，接排了一篇《从六个特征看阅读的好时代》，哪六个特征呢？我跟大家简要介绍一下。

第一个特征，阅读的好时代必然是在一个社会转型期的重要时代。

比如说先秦，春秋战国时期是阅读的好时代，在转型期人们都需要有新的思考、有新的知识，来补充自己、发展自己。当时的社会，包括诸侯们都特别需要读书人来给他们提供治国之策。

汉代也是个转型期，是一个阅读的好时代。秦朝由于对文化实行严酷管理政策，还有各方面管理上的严苛，整个社会民怨沸腾，只有14年就结束了。但是汉代有400多年的历史，为什么？汉代从诸侯纷争、诸侯分裂转型为一个统一的大国家，统一的大国家要用文化来统一，用经济发展来繁荣它，用更好的社会管理来安排社会的各种活动，汉代是一个阅读很热的时代。

唐代也是转型期,是经过了三国魏晋南北朝分裂、隋朝初步统一之后,有了一个大的发展,是更开放的转型期。唐代是一个阅读的好时代,当时大家对阅读高度重视,以至于“以诗取士”,所有官员没有不会写诗的,要写诗肯定要读诗,以至于有些诗人要出关了,“莫愁前路无知己,天下谁人不识君”,做诗人能有那么高的知名度。我们现在的诗人知名度就很低,因为大家读得少,以后阅读多了,作家诗人名气就会更大。

宋代也是转型期,是文官制度确立的时期,宋代的文化发展就更加受到重视,所以宋代是一个读书的好时代。

元代不是一个读书的好时代,因为它是一个过渡时代,100年不到。

紧接着到明代,明代又是一个转型期,从少数民族的统治回归汉族统治,这个时候汉文化有了进一步的繁荣,包括市场经济的萌芽等。

清代一开始有文字狱,当然不是一个阅读的好时代,后来有了比较好的开放,尤其是到了晚清,是阅读的好时代,“西风东渐”,是“三千年未有之大变局”,当然是一个阅读的好时代。

我们现在也正处在一个转型期,我们正在从过去的计划经济向市场经济转变,从过去的一种建设模式,转型为一种更开放、更创新的经营管理模式,要向社会主义现代化国家建设的目标推进,这当然是一个重要的转型期。所以,我们现在也是阅读的好时代。

第二个特征就是政策开放,有利于阅读。

秦朝焚书坑儒,当然不是一个阅读的好时代。紧接着汉继秦火,汉代完全继承了秦代的政治管理制度,还有很多具体的制度,但是在文化上实行开放政策。可能大家马上会想到董仲舒的“罢黜百家,独尊儒术”,但是请大家注意,“独尊儒术”强调以儒家学说来治理国家,事实上是外儒内法,内在同样也有很明确的一些法律管理,同时,他不对其他的学说实行禁绝政策,淮南子、庄子这些是道家学说,同样开放,是当时的畅销书。但是要做官员,在汉代必须学儒经,考试的时候至少能背几千字的《孝经》或者《论语》,这两部书是当时的必读书。当时汉武帝在长安办太学，开始有50多个青年人，到了东汉光武帝刘秀时有3万多人，太学就是给各地选拔上来的年轻人学儒经的，主要是学《孝经》和《论语》。当时各地都有书馆，给十多岁的小孩传授《孝经》和《论语》，接着到书馆里面去听老师讲解，这些青年人可能会被选拔到朝廷去上太学，成为做官员的一个基本培训，显然这是政策开放的时代。

我今天不是专门讲历史，如果讲历史，我还要讲汉代的经学、汉赋、乐府等，那个时代也出现了很多很灿烂的文学作品。

再比如唐代，唐代的政策也是开明的，当时皇帝对李白写诗写得好表示很高兴，把他选到朝廷来，后来发现他不适合朝廷工作，但是并不影响李白继续写作。

现在我们的政策也是开放的，图书馆的阅读、校园的阅读，各种各样的阅读都能够自由地开展起来，我们的政策是鼓励阅读的。

第三个特征是写作空前繁荣，或者说写作空前活跃的时代。

春秋战国时期写的都是片段式的文字，因为当时的书写工具很落后，主要是竹简和布帛，直到汉代才有纸张，即使是这样，那个时候的写作还是活跃的，为什么呢？因为大家都希望把自己的智慧贡献出来，得到诸侯的使用，成为治国的能人。于是有纵横家出现，合纵连横，还有“战国四君子”，每人养了几千人，专门提供各种各样的意见，成为治国理政的智囊。我们现在的写作也是空前活跃，这是毫无疑问的。

第四个特征是出版空前繁荣。

1978年，我们一年出一万多种书，现在一年出四五十万种书，这不是活跃吗？我们现在还有数字出版，还有很多的网络传播、自媒体等，这是空前繁荣的，显然是一个好时代。因为阅读就需要有出版物，没有出版物就谈不上阅读，所以我经常说出版业做全民阅读是天经地义、责无旁贷的，因为要使更多人读我们出版的书。

第五个特征其实可以往前放，就是官员和社会名人带头阅读。

这个特征很重要，每一个社会凡是阅读繁荣的时代，无论是先秦还是汉代、唐代、宋代、明代、清代，凡是政府官员带头阅读的，甚至是帝王带头阅读的，那个社会的阅读风气一定会比较好。例如宋真宗说“书中自有颜如玉，书中自有黄金屋，书中自有千钟粟”，宋真宗赵恒能够这么来写劝读诗，你能说不是一个阅读的好时代吗？肯定毫无疑问。

现在，我们的国家领导人、各地领导人都在倡导阅读，每年“4·23世界读书日”都会推荐一些重要的书目供大家参考，这是很重要的。社会是在领导人的带领下往前发展的，如果领导人认为阅读没有意义、耽误功夫、不产生经济效益，他的注意力不在这里，或者兴趣不在这里，那这个社会的阅读肯定会受到影响。

第六个特征既是结果，也是标志，就是阅读蔚为风气。

阅读的好时代必然是阅读蔚为风气的一个时代，前面我说了很多历史上的现象，不用说，那个时期肯定都有一个比较好的阅读风气。我们现在全民阅读的风气已经逐步形成，一个社区里面，有成年人的阅读、儿童的阅读，家庭里面有亲子的阅读，这种社会阅读风气的推动，使得我们的教育系统推动了教育课程改革，加强了语文教学上的阅读和各科学习的课外阅读。阅读蔚为风气，是我们阅读好时代最重要的特征，同时也是一个重要的动力。人们都是跟风的，大家都说读书好，那我也得读点书，不读书都不好意思。过去不成风气的时候，有人在读书就说他是“书呆子”，现在说书呆子的人很少了，为什么？因为他能读书就很了不起，能让大家感到这个人是很有意思的，腹有诗书气自华，就很不一样。

（三）改变，从阅读开始

“阅读的哲思”里还有一篇比较长的文章《改变：从阅读开始》，这篇文章写于2018年改革开放40年，我原来在做演讲的时候题目叫《改革年代，从阅读开始》，后来我发现，改革年代从阅读开始，一个人的改变从阅读开始，我们社会的改变也是从阅读开始，而且我还说了20世纪的中国有几个重要的历史关头，都跟阅读密切相关。

第一个历史关头就是 1911 年辛亥革命。

辛亥革命之前阅读是成了风潮的，“西学东渐”让国际上发达国家的一些重要的著作涌进了中国，包括社会主义思想的一些著作，推动了 1911 年的辛亥革命。辛亥革命取消了帝制，开始了民主共和的进程，事实上是现代化国家的建设进程。

第二个历史关头是中国共产党的创立。

最近大家看的电视剧《觉醒时代》，都是一批读书人在读书，而且当时不仅是这些人在读书，整个社会都在读书，正是因为有大学生在读书，所以才有了 1919 年的五四运动。五四运动之前是属于文学革命的，文学革命也是在阅读，阅读文学作品使社会产生了更多的民主自由的思想，产生了更多的觉醒。1921 年中国共产党成立，事实上是阅读的推动，李大钊带领着北京共产主义研究会，陈独秀在上海组成了马克思主义研究会，毛泽东在湖南组织新民学会，周恩来在天津组织了读书会，还办了《觉悟杂志》等，都是各种读书活动，这些“读书活动”实际上推动了中国共产党的成立。当然，还有社会变革，社会自身的规律必然要导致一个无产阶级政党的出现。但是没有阅读，大家茫茫然，不知道国家向何处去，社会怎么办。有了阅读，找到了马克思主义，特别地打造了一篇文章《我的马克思主义观》，对前苏联的社会主义建设提供了一些很重要的情况，使得大家对社会主义有了明确的向往，树立了社会主义社会发展的理想目标，所以中国共产党成立跟读书是密切相关的。

共产党成立之初做了一项重要决策，成立人民出版社，出版马克思主义著作和社会主义著作，这些著作都形成了非常好的阅读风潮。同时，办各种各样的夜校：工人夜校、妇女夜校、士兵夜校、农民夜校、青年夜校，学习社会主义的著作，这就使阅读跟我们国家的改变发生了很直接的关系。

第三个历史关头是抗日战争。

战争来了跟阅读有关系吗？很有关系。比如说我现在韬奋基金会工作，韬奋基金会就是宣传弘扬韬奋精神，韬奋精神是邹韬奋先生当时所秉承的一种爱祖国、为大众的出版理念。当时邹韬奋主持的生活书店不仅出版战时需要的一些书（比如抗战读本，还有很多关于战争的著作，包括毛主席的《论持久战》等），还出版了大量的青年自学丛书，很多青年人都要到生活书店去找书看，有些青年人走投无路，都到生活书店集中看书讨论问题，那就是一个阅读的很重要的时期啊！同时期，延安发生了一个阅读高涨的热潮，8000 多名知识青年奔赴延安，开始了各种各样的学习和阅读，领导毛泽东同志就先组织了一个哲学阅读小组，中国共产党六届六中全会还专门下发文件要求全党开展学习活动，当时还有陈云同志组织的读书小组、张闻天同志组织的读书小组，还有老同志组织的各种读书小组，大家都在认真地阅读。为什么？抗战之后中国向何处去、我们的国家面临着怎样的一些问题、马克思主义怎么样才能够救中国、怎么样跟中国的革命实际结合起来，等等，这些问题大家要讨论，所以抗战时期也是阅读的一个重要时期，当然也是一个国家民族的生死关头，可是阅读没有放下。

第四个历史关头是中华人民共和国成立。

新中国成立以后，紧接着就开始了扫除文盲，当时约有 80% 的人是文盲，所以必须要解决文盲问题，否则，我们的社会不可能进行现代化建设。所以 1952 年开始的扫除文盲的运动带来了一个通俗阅读、大众阅读的风潮，五六十年代出版的一些重要的文学作品都带着这种普及性，《林海雪原》《青春之歌》《保卫延安》《红日》《红岩》《红旗谱》《创业史》等，一本书已经卖到几百万册，大家还是轮流在看。这些阅读可以说是新中国成立之后出现的一个阅读热潮。

第五个历史关头是 1978 年开始的改革开放。

改革开放以后，我们的阅读可以说是普遍地开展起来了，1978 年 5 月份，国家出版局决定重印 35 种中外优秀文学名著。我们知道，1978

年底才开了十一届三中全会，决定国家社会主义建设以过去阶级斗争为中心转变为以经济建设为中心，实行伟大的转变，开始改革开放，但在此之前已经开始做了思想上的准备，就是重印35种中外优秀文学名著。这35种文学名著中，中国古典文学作品9种、五四运动以来的现代文学作品10种、外国古典文学作品16种。这些作品跟改革开放有什么关系呢？很有关系，首先是精神的解放、视野的开阔，人们转变了思维方式，对社会建设和改革创新的需要就有更好的体会。这16种外国文学中还包括《希腊神话》，《希腊神话》与中国的改革开放有什么关系呢？就是知道人类的历史文明曾经有过这样的一个发展过程，使得我们的思维能够更加全面而不太偏执，更加的文化一些而不是太功利，通过阅读文学作品，通过一种更加全面的思考，让我们的社会得到更好、更健康的发展。

"阅读的哲思"本来也还有很多要讲，但是今天不可能把每一篇文章都给大家做个介绍，我想大家如果能看到书，我们还可以形成讨论。

四、阅读的方法

接着我还要讲一讲"阅读的方法"。艺术必定有方法，我们讨论阅读的艺术当然就可以讨论阅读的一些方法。大家说阅读有什么艺术啊，有什么方法啊？就是拿起书来读啊，特别是文学作品，读起来就很好。我大概是40多年前看了《歌德谈话录》，他有一句名言："巨匠只有在规定中才能表现自己，而规定给我们以自由。"阅读也一样，它有一定的规定，通过这个规定能够使我们在规定当中获得自由，所以我觉得有必要很好地讲讲阅读的方法。

（一）朱　熹

比如南宋大教育家朱熹，他有一本书叫《朱子读书法》，大家有机会可以找来看，《朱子读书法》里面对于阅读的方法有具体的表述，一

共有六句话。

第一句话是“循序渐进”，读书一定要循序渐进，特别是做专业阅读。

第二句话是“熟读精思”，你想把一本书读好，一定要熟读，而且要深入地思考。

第三句话是“虚心涵泳”，要虚心对待我们的读物，涵泳是要包含进来，使得它能够成为自己的养分。

第四句话是“切己体察”，就是一定要跟自己的生活和现实社会要有很好的体察，结合实际来思考问题。

事实上，我们的文学阅读也一样要切己体察，说得合不合情理、这个细节准不准确，以及这个人物的塑造或者这个人物的精神世界是否合情合理，是可以切己体察的。读诗也是一样，现在的中小学生读“面朝大海，春暖花开”，有时候诵读得很昂扬，请注意，海子写完这首诗两个多月就自杀了。人要有自杀的念头，绝不会是瞬间，是有一段时间精神状态的持续。“从明天起，做一个幸福的人，喂马劈柴周游世界”，这已经是破罐破摔的意思；“从明天起，关心粮食和蔬菜”，他作为一个北大中文系毕业的诗人，而且在大学当老师，他怎么关心粮食和蔬菜呢？显然对社会生活、对他自身的人生产生了迷惘。“我有一所房子，面朝大海，春暖花开”，就差不多是离开人世的意思了，我有一所房子，所以不关心粮食和蔬菜，其实也不关心喂马劈柴。接着他这样说“从明天起，和每一个亲人通信”，他为什么会反省没有给亲人写信？“告诉他们我的幸福，那幸福的闪电告诉我的，我将告诉每一个人”，可能吗？什么事儿都告诉每一个人吗？那就是祥林嫂，显然它是一种反讽在里面。“给每一条河，每一座山起一个温暖的名字”，这是什么意思？就是社会都需要温暖的东西，我给你们起名字。“陌生人，我也祝福你，愿你有灿烂的前程，愿你有情人终成眷属，愿你在城市获得幸福，我只愿面朝大海，春暖花开”。读海子这首诗一定要“切己体察”，你就会把它读好，不然就会出现个个穿着白衬衣、蓝裤子、戴着红领巾大声诵读“面朝大海，春暖花开”……当然，诗歌写出来了，别人怎么读那是别人的事情，诗人没有办法管，但是如果你要读得深刻一些，我想是需要“切己体察”的。

第五句话是“居敬持志”，读书要保持着一种敬重的状态，保持着很好的志趣，你才能够更好地成为一个读书人。

第六句话是“着紧用力”，读了一页半页就扔了，累了就不想读了，那你读不好书。

朱熹读书法的这六句话，我想大家会有共鸣。

（二）孔　子

我们再说说孔子的读书法，孔子是学与思：“学而不思则罔，思而不学则殆”；学与问：“博学之，审问之，慎思之，明辨之，笃行之”；学与行：阅读要和行动结合起来，“讷于言而敏于行”；学与习：《论语》第一句话“学而时习之，不亦乐乎”，学了要经常复习。我经常说大家不妨读点旧书，读过的书不妨再读一遍，你会有新的理解，书读百遍其义自见，就是这个意思。所以说读书是有一定方法的，古人就有很多方法。

（三）陶渊明

陶渊明说“好读书不求甚解，每有会意，便欣然忘食”，这也是一种方法。有中学生跟我说：“我喜欢读书，我读得也很快，但是我读完了觉得没有什么收获，你说怎么办？”我说你喜欢读书很好，读得快也很好，我要祝福你，因为读得太慢了读到的书就少，你这个方法跟陶渊明的方法很相似，就是“好读书，不求甚解”。他说，我没有什么收获。我说你一定要有收获啊，陶渊明的最后两句就是“每有会意，便欣然忘食”，一定要有会意，你读了一本《百年孤独》，没有一点会意就太可惜了，哪怕对书里的一些句式、一些人，以及社会、自然的现象都要有会意。会意会随着我们的年龄、我们的见识、我们的心智发育慢慢提高，丰富起来。

（四）欧阳修

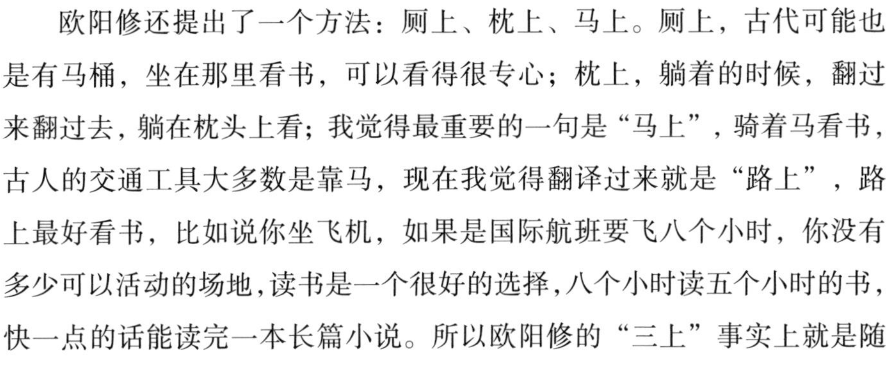

欧阳修还提出了一个方法：厕上、枕上、马上。厕上，古代可能也是有马桶，坐在那里看书，可以看得很专心；枕上，躺着的时候，翻过来翻过去，躺在枕头上看；我觉得最重要的一句是“马上”，骑着马看书，古人的交通工具大多数是靠马，现在我觉得翻译过来就是“路上”，路上最好看书，比如说你坐飞机，如果是国际航班要飞八个小时，你没有多少可以活动的场地，读书是一个很好的选择，八个小时读五个小时的书，快一点的话能读完一本长篇小说。所以欧阳修的“三上”事实上就是随时读书的意思。

还有北宋著名的刘彝先生，他提出来“读万卷书，行万里路”，就是说读书要跟实际很好地结合起来。

（五）“三动”

我在《我的阅读力》《阅读的艺术》《阅读力决定学习力》这三本书里都强调了“三动”。

第一动是“动笔”。古人说“不动笔墨不读书”，要动手做笔记、做记录，读完了还是别人的，记下来了就是你的了。记在心里有一些用处，但是记在自己的笔记本上，画在自己的书上，以后看到自己写过的一些心得，就会有旧友重逢的感觉。

第二动是 “动口”，主张诵读。我在中学、大学做演讲的时候，有时候就要诵读《将进酒》，要读出感觉来，我还跟大家读《面朝大海，春暖花开》、读《行路难》，读了以后你会对这首诗、这篇文章有一些更深的感悟和体会。

最后一个是“动心”，看别人的书，想自己的文章；看别人的书，想自己的作品；看别人的书，想自己的体会，要通过这样的阅读“动心”。比如说我看了一个资料，著名作家铁凝说她在初中的时候看到了罗曼·罗兰创作的《约翰·克里斯朵夫》，看到题记时都激动不已，题记写的是：“真正的光明绝不是永没有黑暗的时间，只是永不被黑暗的时间所湮没罢了；真正的英雄绝不是没有卑下的情操,只是永不被卑下的情操所屈服罢了”，她觉得把人的两重性写得那么深透，写小说就应该这么写，写人光明的时候，也写他的软弱，写英雄的时候，也写他卑下的时候，那么这样的人就是完整的、真实的。

莫言当年看了美国作家福克纳《喧哗与骚动》，这本书翻译成中文前面有一篇序言，序言是翻译家李文俊先生写的，李文俊先生对于《喧哗与骚动》这部书做了一个比较详尽生动的介绍。莫言说，我看完了这个序言，小说我都不看了，立刻想到我的小说也可以这么写，于是写自己的小说去了。

这就是看别人的书，想自己的文章。我建议大家动手做笔记、动口诵读、动心去写自己的作品，这样我们的阅读就不仅仅是阅读，还是我们的写作的开始。

主持人：请您用简短的语言概括一下，您认为“阅读”是什么？

聂震宁：用一句话来说，阅读就是唤醒沉睡的自己，同时打开自己的视野。

聂震宁“阅读”主题私享书单

因为今天谈的是阅读，我也确实读过各种各样的书，但是我想为了保险起见，就推荐我自己的书。我的这些书也是读了别人的书，有感于自己的阅读经历和体会，把它写出来的。

《舍不得读完的书》

聂震宁　著

商务印书馆　2015 年版

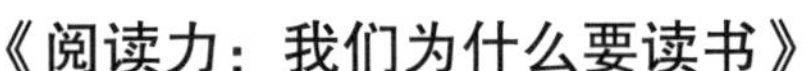

《阅读力：我们为什么要读书》

聂震宁　著

生活·读书·新知三联书店　2017 年版

《改变，从阅读开始——阅读与时代变革》

聂震宁　著
海天出版社　2019 年版

《书是香的》

聂震宁　著
辽宁少年儿童出版社　2019 年版

《阅读力决定学习力》

聂震宁　著
现代教育出版社　2020 年版

希望能够通过这些书跟书友们有一个比较好的交流，谈不上隆重推荐，就是希望大家读了能有个交流，谢谢大家！

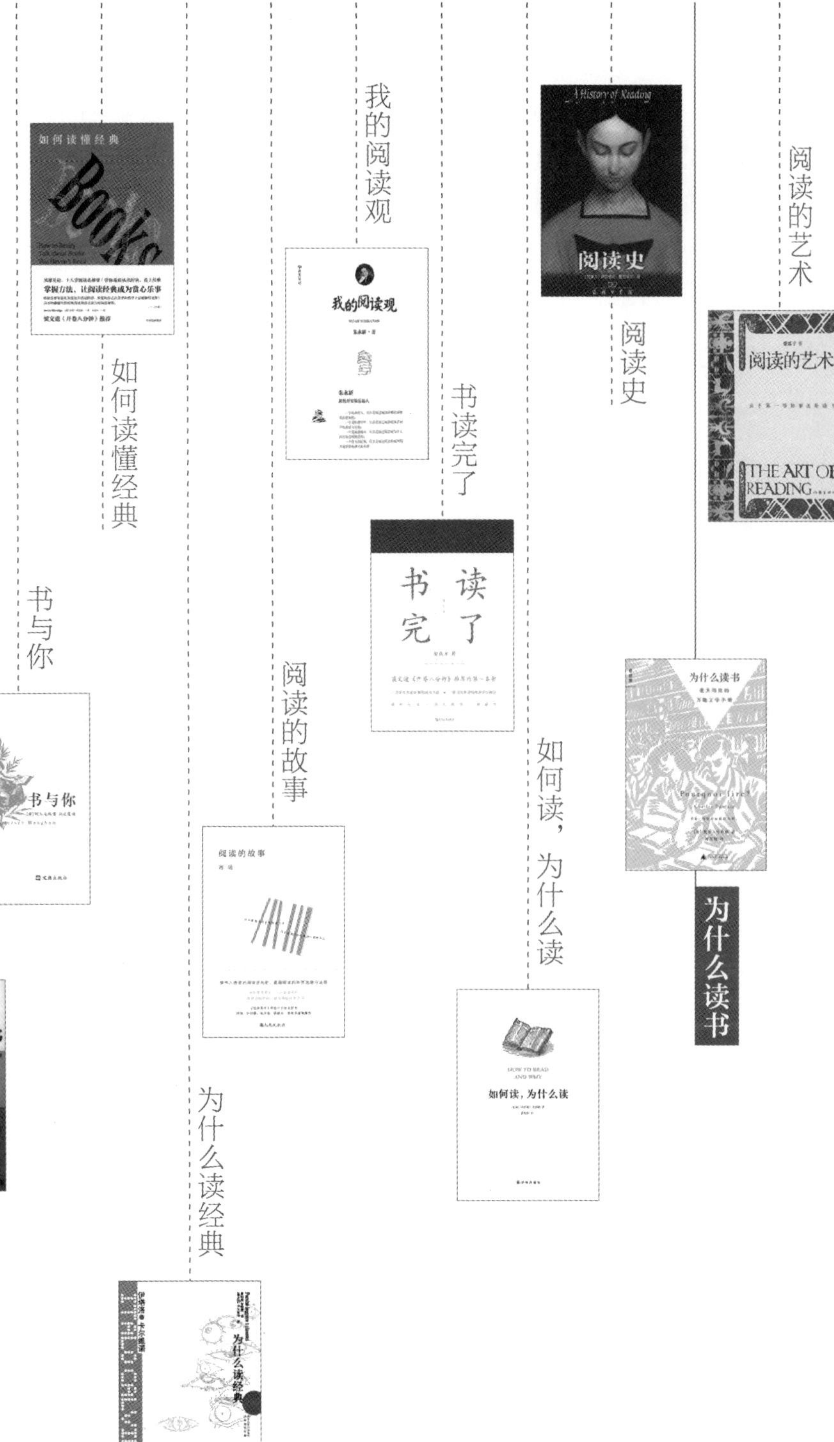

书与你

阅读之道的*12*堂课

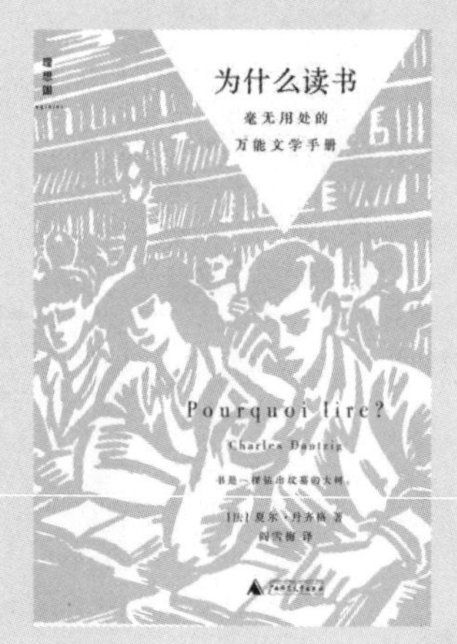

《为什么读书》

［法］夏尔·丹齐格 著 阎雪梅 译

广西师范大学出版社 2012年版

夏尔·丹齐格（Charles Dantzig）（1961~）

法国诗人、作家、译者、编辑、电台制作人，法国图卢兹大学法学博士，现居巴黎。出版过多部小说、散文集和诗集，曾荣膺让·吉奥诺文学奖、法兰西学院散文奖等多个法国文学大奖。2005年，《自私的法国文学词典》出版，轰动法国文坛。2009年出版《无所不包又空无一物的任性百科全书》。他是近年来法国文化界少有的既得到评论界高度好评，又广受普通读者钟爱的作家。

夏尔·丹齐格有见解，有孩童般的顽皮、激进，但他也阅读广泛、幽默，善于启发别人。他是个优雅的作家，对书籍有着高度的热情。

——《泰晤士报文学副刊》

无论书的介质如何变化，阅读始终会是人们关心的话题。夏尔·丹齐格以资深读者的历练和作家的精巧敏锐，写下了七十余篇文章，将读者引上读书这条无用却意义重大的不归路。

文学是毫无用处因而无关紧要的吗？人们通过阅读向生活抗议，还是获得生命的扩展和延续？阅读会让我们变成功利自私、贪得无厌的人吗？我们在阅读中寻找炫目的新鲜感，还是对自我判断的印证？获得智慧必得以泯灭童真为代价吗？阅读是否能改变一个人？……

围绕各种读书话题，夏尔·丹齐格在书中分享了他精辟独到而又体贴入微的阅读心得，其中有切实的建议、甜蜜的赞美、尖刻的讽刺，还有新鲜的阅读观念：阅读是文学的姊妹，读者借助他们展开与死亡和时间的拉锯战。

夏尔·丹齐格在本书中的精英主义立场鲜明，却在幽默的文字中透露着亲切与率直。文章虽不长，但文字密致，耐人回味，思考充满机锋与创意，独到的见解读来令人兴奋、畅快、赞叹。

分享嘉宾

木叶

诗人 批评家

中国现代文学馆特聘研究员

书是人类的自传

——“为什么读书”及其他

一

这个世界上有书籍之神吗？有掌管书籍的神吗？有佑护书、佑护读书这件事的神明吗？

有人会说仓颉，不过他主要是造字，还不是真正掌管书籍、书本、书卷的神或人；也有人会想起鲁迅在《祭书神文》中谈到的司书神“长恩”；或许还有其他与书相关的神或人……但是，他们都不是广为人知的，并未在生活和阅读中产生相应的影响，即便是古希腊神话中的缪斯，更主要的还是和艺术、科学以及人的升华相关，而非严格意义上掌管和佑护书籍的神明。

就我有限的视野而言，在很多民族和国家的文化之中，缺乏像雷神、死神、太阳神等明确而又几乎家喻户晓的书神。不像一说到爱神，不少人就会想到丘比特，想到那对翅膀，以及弓箭的神力。类似的问题可能一些人在某一个瞬间也曾想过，今天我们要谈的《为什么读书——毫无用处的万能文学手册》中便有提及。作者夏尔·丹齐格是法国的诗人、作家、译者、编辑、电台制作人。他说："书神？……然而没有掌管读书的神明。人类一直小心提防着以免创造出个书神来。"他是有几分可爱的，在短短一页中讨论了这么大的一个问题，看似轻描淡写，实则又有些果决：没有书神，人类不会创造书神，甚至人类在避免创造出书神。这其实和全书的基本思路是一脉相承的，丹齐格一直试图突出人和书本的关系、人和知识的关系、人和理想的关系、人和世界的关系。书神看似很重要，但更重要的是人对自我的发现，以及人在世界中的位置。

二

关于书、关于为什么读书，我很喜欢俄罗斯智者赫尔岑的说法："书是和人类一起成长起来的，一切震撼智慧的学说，一切打动心灵的热情，都在书里结晶成形；在书本中记述了人类狂狷生活的宏大规模的自由，记述了叫作世界史的宏伟的自传。"这话既复杂又简单。可以说，书籍就是人类生存演化与不断发展的真切记录。其中有想象，有虚构，有创造，有狂狷与辉煌，同时有弯路，有罪与罚，有颓败和失落。很有意思的一点是，可能因为最初的人类只有口头的言语，没有真正的文字，或者有了文字也未必很快就形成书籍，再加上考古发掘相对滞后，我们尚无法看到"人类"这部大书最初始的那几页。这部大书的名字甚至也是斑驳的、漫漶的、阙如的。然而无须灰心，正是已然缺失或尚处于未来之中的那几页，永远无法确知、无法穷尽的那几页，和其余所有的卷册、字句，共同记录并构成了人类的伟大、壮丽、跌宕磅礴。

也正因如此，索性说得更坚决些：书籍就是人类的自传。

书是纸上的建筑、文字的建筑、心灵的建筑、千姿百态的建筑。如果外星人来到这个星球，看到不同的建筑、不同的文字、不同的书本，就会感受到这是什么样的生命，有着什么样的情感与智慧。

无论是老子、庄子、孔子、孟子，还是苏格拉底、柏拉图、佛陀、耶稣；无论是李白、李清照、曹雪芹，还是但丁、莎士比亚、塞万提斯、伍尔夫、辛波斯卡，所有作家作品共同构成了人类的自传。而且，不止是文学作品，牛顿、爱因斯坦、居里夫人、莫扎特、毕加索、希区柯克、贝聿铭、乔布斯等的作品和创造，甚至包括那些黑暗时刻、残酷行止，都是人类的自传，构成人类的得与失、精与神，是此时此刻，也是未明未来。

三

书如此重要，“为什么读书”似乎不言自明。不过，往往越是这样的事物，反而越不易理得清清楚楚。《为什么读书》一书中虽然给出了几十个缘由，但可能依然没有终极的答案。因为此刻的你和我，每个作者、每个读者、每个人（甚至包括逝者），都在不断地趋近书，趋近读书这件事，趋近人之为人、世界之为世界。

作者给出多个角度：“为了自我反驳而读书”“为了自我安慰而读书”“为了不逃避而读书”“为了交友而读书”，这些比较易于理解。还有“为了知道阅读并不能改善什么而读书”，就是说，一方面怎么推崇阅读都不为过，另一方面我们也不要去高估阅读的作用和意义，不是说读了书立刻就能成为一个非常好的人，或有好的作为。二战的时候，德国政界军界不少人士是受了颇高教育的，喜欢康德或贝多芬，但他们依然会行下“大恶”或“平庸的恶”。当时的日本、意大利也是如此。所以，我们对阅读不要有太过理想化的期待。书是读不完的，再好的书也可以不读，这些也可以视为阅读上的“无欲”，或者说“无为”。

还有“为了再现青春而读书”。那个青春，那个小鸟不断鸣叫的清晨，已经离我们远去。但是，通过阅读，我们能够回到写日记的夏日午后，回到第一次读到“生存还是毁灭”的那一瞬，回到面红耳赤争论什么是狭义相对论的现场，回到和心爱的人一起看《少年维特之烦恼》的夜晚，回到父辈母辈那种热火朝天、激昂慷慨的岁月。所以，“读书是能够改变时间的”。

读书也可以改变空间。比如没有去过巴西，但读了茨威格的书，就会发现自己似乎已经抵达千里之外，看到了巴西人的生活状态和精神状态。读书能够缩短时间，也能够扩展时间，能够减少空间的阻隔，也能够增加空间的纵深，让人的视野和胸怀像大海一样。最近有一本诗集叫《我身上的海》，我们的身上怎么会有海呢？那是怎样的一种状态？有人可能会想到“我身上的天空”“我身上的世界”。“身上的海”特别引人遐思，好的书总是可以带着读者跨越万水千山、穿渡千年，与庄子、李白、苏东坡相对而坐。当然，这样的美好也需要好的读者、好的理解。

就是这样，因了神秘的好奇心，因了更神秘的不安，因了对困惑与悲剧的求解，因了对窃喜和狂喜的双重期冀……人走向书，书也走向人。悄悄地，或艰难地，兴趣在生长、心智在提升，认识自身与认识社会，或者说知与行、思想与实践，会越来越交互、越来越趋近。在有意无意、不知不觉之间，阅读行为还可能转化为对社会的挑战或推动，甚或在某一刻，一些字词会从纸端站起身来，突然令坚硬的世界发生小小的位移。

为什么读书，其实有正面的理由，也有负面的理由，前者值得推荐与张扬，后者则需要反对、批驳或警惕，譬如不要通过书卷以助长恶与罪、不要急功近利、不要沉迷低俗……

这本书比较率性，其中较长的篇章有三五千字，短则几百字，最简的一篇算上标点符号才十八个字。古人说“行其当行，止其当止”，不易。作者在有些地方还可以写得更充分、更有细节、更多辩证、更多思想的博弈。不过，他好就好在很少花哨和累赘的东西。

终究，书在不断到来，书是美的、自由的、摇曳生姿的。为什么如此称颂书籍？还因为书中的人物、行动、故事以及智慧。书或书中的人物与内容可以和读者做朋友，而且永远不会背叛读者。比如林黛玉，即

便自己被背叛、疏远，但她也不会背叛或疏远读者；行者武松也如此，纵是经历了人世的起起落落，见到了英雄的凋零，断了臂，也不会背叛读者；巴尔扎克笔下的葛朗台吝啬之极，但是也不会背叛读者，相反，他们成了一面面镜子，帮助人们更深入地理解何为爱、财富以及珍惜……凡是看在眼里记在心中的东西，都会化作我们的智慧与翅膀。

四

作者丹齐格在上初一时就读波德莱尔的作品，老师得知后忧心忡忡，训斥了他的母亲。是的，他用的是“训斥”。在生活中很多人可能遇到过类似情景，有的人会一直把阅读兴趣保持下去，后来果真成了作家或艺术家。有的人被批评了之后便偃旗息鼓，退守到课本、习题中去，这样也可能作出重大贡献，但我还是喜欢那些能够继续读闲书、读杂书、读无用而有趣之书的人，这些书终将善待自己的读者。

丹齐格曾对一个记者表示：“让孩子们接触一些不属于他们那个年龄的读物。”人们总是想让孩子在五岁时看五岁的书、十五岁时看十五岁的书，如若真的能这样完美地规划对接也不错，但是，很多时候人就是要走到自己的前面，走到既有知识的前面，走到时间的前面。或者说，人和书之间是有着暗号的，暗号如果稍一被人干扰，就不再去联络，那么就可能与一本书或与自己的天赋，永远地失之交臂。有时候多往前走一步，多读一本书或多读另一种书，就会发现正是这种出格与不务正业，会带一个人走进自己宏伟的命运之中。

不仅要读那些老师不让读的书，还要读同学、同辈甚至是父母不让读的书。因为，最亲最近的人也未必真的了解你。要勇于去尝试、去试错。同时，不仅要读那些自己喜欢的书，也要品味那些自己不喜欢或一时不易进入的书，比如鲁迅、萧红、福克纳、索德格朗，甚至那些读起来深邃而费思量的书，比如弦理论、量子力学。人生的进阶，有时候就是在读那些困难的、烧脑的、参不透的作品的过程之中。

还要懂得犯险。雪夜读禁书，何其快哉。那书可能是师长不让看的，也可能是帝王不让看的。前提是能进入其中，又能走得出来。一方面，读出为什么它会被禁，这包括一个时代的道德、审美和自由度，抑或就是一些漫长的偏见、陋见或霸权。另一方面，也需读出这本书随着时间流逝不断焕发出了什么新的魅力，比如为什么有人认为《金瓶梅》在某些方面超越了《红楼梦》？为什么《洛丽塔》那么迷人？为什么《恶之花》堪称一个时代之开端的开端？

五

古人说“尽信书则不如无书”。丹齐格非常喜欢普鲁斯特的《追忆似水年华》。不过，他也会说：“所有的书，甚至莎士比亚的作品，甚至普鲁斯特的作品——箴言集里也有废话。”所以，不必迷信书或固守某种观点。举个自己的例子，我很喜欢余华，但是当看到批评他的文章时，我也很乐于读下去，汲取其中有启示之处。不迷信书本，不迷信作者，进一步而言就是要不断反思所有形式的权威，反思自己的知识结构和精神能量。

作者还说，“为了发现作家未说的话而读书”。这就令人想到卡尔维诺在《为什么读经典》中的一个说法：在托尔斯泰的作品中重要的是他没有表达出来的那部分（大意）。这很像我们先贤所讲的“弦外之音”，或是数学中的0，需要去想象，需要以自己的智力和作者的智力、以自己的心灵和小说人物的心灵，去补充，去竞技，从而知道哪些是作者没写的，哪些是作者已写但需要读者站得更高才能看清看全的，也就是说，不仅要看到这一面还要看到另一面，不仅要看出第一层的意蕴，最好还能看出第二层、第N层。

读书也是有境界的。王国维等人从多个角度有过探讨。这里说一下读书与信仰。安东尼·伯吉斯有一部关于耶稣生平的书叫《拿撒勒人》，丹齐格表示自己读后很受触动，开始信仰上帝。这是多么非同一般的经历。信仰确立的过程也许没有这么简单，但是作者的意指值得信赖。就是这样，无论是世俗的还是宗教意义上的，一本好书能够给人启迪或校正，使得对人生、对终极的认知更加清晰、更加坚定。

有的人抱怨自己读了很多书，但还是过不好这一生。原因种种，其中很重要的一点就是读的书看似很多其实还不足够多，或是读得还不足够通透。都说陶渊明“好读书，不求甚解”，但莫忘后面还有一句“每有会意，便欣然忘食”。一个人每攻克一关，每理解了一个东西，就忘食、忘情、忘我，这是走向真知、走向智慧非常可贵的一步。类似的话，杜甫也说过，叫作“读书难字过”，但切记这个似乎一遇到难字就跳过去的人做到了“读书破万卷”。不管是陶渊明还是杜甫，都是肯下苦功夫、真功夫的，只是他们会以一种比较轻盈的方式表达出来。朱熹关于读书的“三到”很是有名：眼到、口到、心到。后来，胡适又说了一个“手到”。（这个“手到”可能不止包括大家所说的查参考书、做标记、做眉批札记等，也可能包含着真正的书写和创作。）

“怎样读书？我会回答：有方法地读书，热情是最合情合理的方法。”可能作者说得还不是很具体、可操作，但这么说是有些俏皮的。读书因人而异。有个大人物喜欢到最喧哗的地方去读书，故意在纷纷扰扰之中磨砺自己的意志。但是这种方法适合你吗？我们还是回到“热情”二字，看书看似简单，热情也貌似简单，实则均不易，比如一个人喜欢打乒乓球，但真让他天天练习一个标准的发球动作，一练就是 1000 次、10000 次，就未必喜欢了，太枯燥了。而有了真正的“热情”，就会不怕枯燥、不怕挫败，就会知道自己到底爱不爱读书、爱不爱读某种书。读书需要记忆、思考，乃至一定的实践。每个人读书时都是孤家寡人，独自面对一个智者，面对一个深不可测的文字之阵，面对一个流动的世界。

读的尽头，或者说读的一个变奏，就是写。很多人因为开卷而开了眼界，于是跃跃欲试，自己动手创作起来。但这本书指出，有时我们读书恰恰是为了不写作，放弃写作。世界上有这么多聪明人、才子，自己还需要写吗？我以前有一个朋友，小说写得漂亮，突然就停了笔，他说世间不在乎多一本书或少一本书，自己也许还有更重要更适合的事可以去做。读和写都是自由的，而所有的阅读训练与积累，对于做任何其他事均会有助益。

在丹齐格看来，读书比玩游戏有趣多了。看电影、看戏剧很好，打游戏也好，但读书之美是不可替代的。青灯独坐，似乎最是无趣，但也可能是最浪漫而又最智慧的。值得补充一笔的是，随着人工智能 AI 的不断升级，也许未来的游戏和书、多种的视听娱乐和阅读，会有交集甚至浸入式深度结合，可能书的样子会变，阅读本身也会随之而变。

六

“书并非为了读者而作，甚至不是为了作者而写，它不为任何人而作。它是为了存在而书写。”这句话耐人寻味。书是自在的，必然的。而阅读本身，也是向着存在而存在。即便是那种很实用、很工具性甚至很自私的阅读，也可能不知不觉间抵近“利他主义的结果”，所有的阅读都在参与着人类智慧的传播、交互、丰富和进一步的提升。法国诗人瓦雷里说：“我的诗句有着读者赋予它们的意义。”读书最无用，也最伟大，正是在这个意义上，作者丹齐格甚至认为读书是在“向死神发起挑战”，“图书馆是墓地唯一的竞争对手”。

临近尾声，分享这部小书中的一个故事。维罗妮可·奥布依自 1993 年起专门拍摄那些正在阅读《追忆似水年华》的人，每个人六分钟。有名人、有素人，有老、有少，有人笑、有人严肃，有人淑静、有人澎湃。这个影像的采集和制作名叫“被阅读的普鲁斯特”，将一直持续到 2050 年。维罗妮可·奥布依是否能够拍到那一年，不得而知，但这个拍摄行为构成了一个迷人的隐喻。

“人生太短，普鲁斯特太长”。终究，我们不在这本书之中，就在那本书之中。终究，又存在一个无形的镜头在记录着每个人的阅读。人在阅读世界，世界也阅读人。

读者是最自由的，同时，又是“作家的继承者”，是作家的遗产执行人、发扬人。

书是人类的自传，书也是每个人的自传。“腹有诗书气自华”，读不同的书的人，很可能有着不一样的人生。书籍教会人们如何更好地面对顺境和困境、面对爱和恨，与这个世界相处。一切都已在这本“自传”的某一页中写下，就等待着发现的眼睛。

一个好的作家必须是一个好的读者；一个伟大的作家，首先也是一个伟大的读者。知道读什么、不读什么，知道怎样读，怎样更好地书写与行动。没有充足的、持续的甚至壮阔的阅读，一个人很难真正发现自己的天赋究竟在哪里、局限又在哪里，而对此二者的洞悉通向对自我的发现。阅读就是一种召唤、一种锻造。人可以做一个普通读者，也可以成为一个伟大读者，抑或书写者、创造者。

博尔赫斯有句话非常精彩：一切伟大的文学最终都将变成儿童文学。我们不妨宽泛地理解这句话，人类的杰作、反叛的作品、惊天动地的作品，都将成为传统的一部分，成为孩子们的营养，成为明天的基石，成为新的生活与创作的起点。进而言之，人类所做一切的一切，都是人类的序章。所有的书籍、所有的财富、所有可见不可见的创造，都是人类之未来的序曲。

个人是有限的，但又仿佛是宇宙这部大书中的一个字或词，一个前缀或后缀，悬挂在时间的枝头。生命就是在这种有限和无限的相遇、时间和空间的结合、诗与思、此刻与永恒的交会中不断升起。

主持人： 请您用简短的语言概括一下，您认为“阅读”是什么？

木　叶： 阅读就是“认识你自己”，也可以说是“思无邪”。书是人类的自传，如果有一天外星人来了，书就是了解我们极其重要的一个途径，当然，他们先要破译人类的文字。书中包含了我们的错误、我们的荣耀、我们的爱、我们的恨、我们的梦、我们的创造和我们跌宕起伏的经历。简而言之，阅读就是让世界穿过我们，就是“将万物移入我们”的最便捷的方法。好好读书，从“普通读者”变成独一无二的读者，乃至“伟大的读者”，进而成为书写者、行动者。

木叶 “阅读”主题私享书单

《书目答问补正》

张之洞　撰　范希曾　补正

中华书局　2018年版

张之洞是洋务运动的代表人物之一。《书目答问补正》让我们看到了一个人的复杂与丰富，文理兼顾、文武兼修。此书不同于其他书目的特点，一是经史子集的体例，二是主要指向古代典籍，三是密集型的书目版本呈现，四是补正部分亦颇可观。在张之洞看来：“读书期于明理，明理归于致用”，可用以考古，用以经世，用以治身心。

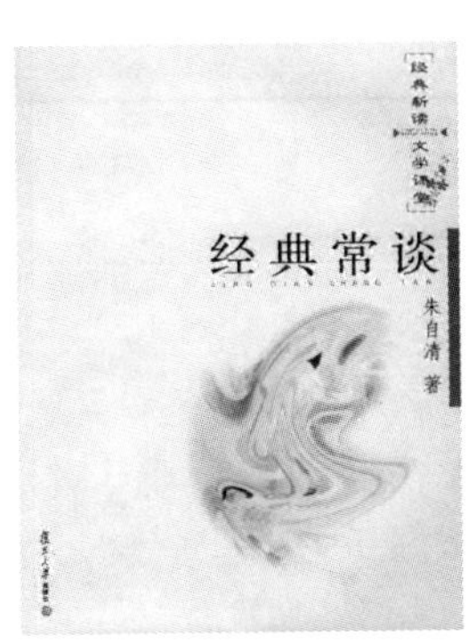

《经典常谈》

朱自清 著
复旦大学出版社 2004 年版

朱自清的见识、精神、文字，都是精彩的。这是一本很可爱的小书，对于理解《说文解字》《周易》《尚书》《史记》以及李杜欧苏等经典诗文颇有助益。

《唐人选唐诗新编》（增订本）

傅璇琮 陈尚君 徐俊 编
中华书局 2014 年版

在唐代人自己编的唐诗选集里，李白杜甫王维孟浩然处于什么位置？篇幅有多大？杜甫的际遇最是耐人寻味。时间会遮蔽一些东西，最终又会令一些东西水落石出。

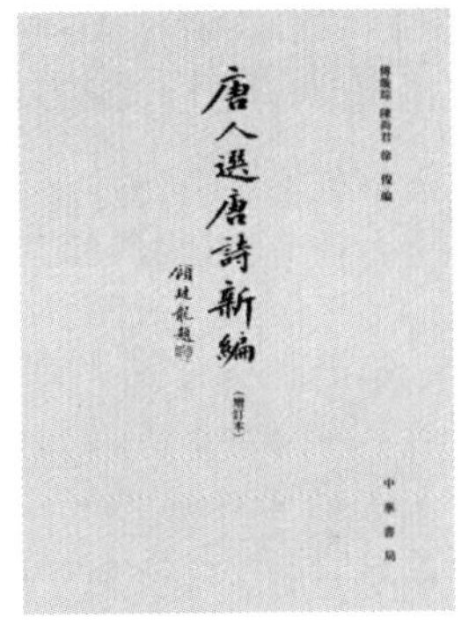

《读书这么好的事》

张新颖 著
上海人民出版社 2017 年版

这是关于书与读书、作者与读者，乃至生活与内心的一本小书，有见识、有趣味，浅者得其浅、深者得其深。

《少时读书》

废名 著 木叶 编选
上海文艺出版社 2018年版

关于阅读，废名三五百字就能构成一篇好文章，在一部长篇小说里也会有关于书的趣解。对于论语、诗经、陶渊明、杜甫、佛教、神话……他均有自己的见地。

《私人藏书：序言集》

〔阿根廷〕博尔赫斯 著 盛力 崔鸿如 译
上海译文出版社 2015年版

不知这是否真的可以算是博尔赫斯终极的私人书单。不过，确乎是他所编选并写了序言的世界各国的作品序列，64部书、64篇序。中国的读者可能会想到易经的64卦。简明，而又旁逸斜出，智慧与愉悦并在。

《序跋集》

〔英〕W.H. 奥登 著 黄星烨 译
上海译文出版社 2015年版

从古希腊文本到莎士比亚，再到安徒生、伍尔夫，还有一些可能比较陌生的作家作品，这些序跋历经几十年，关乎几十部著作，是一个诗人的所爱、所喜、所思，以及由此所引发的一系列想象和回声。

《普通读者Ⅰ》《普通读者Ⅱ》

〔英〕吴尔夫　著　马爱新　译

人民文学出版社　2003年版

“普通读者”已经因为吴尔夫等人的标举，而成为一个专有名词。那些没有偏见的阅读和读者，总是清新而宝贵的。

书与你

阅读之道的*12*堂课

《阅读史》

［加拿大］阿尔维托·曼古埃尔 著
吴昌杰 译
商务印书馆 2002年版

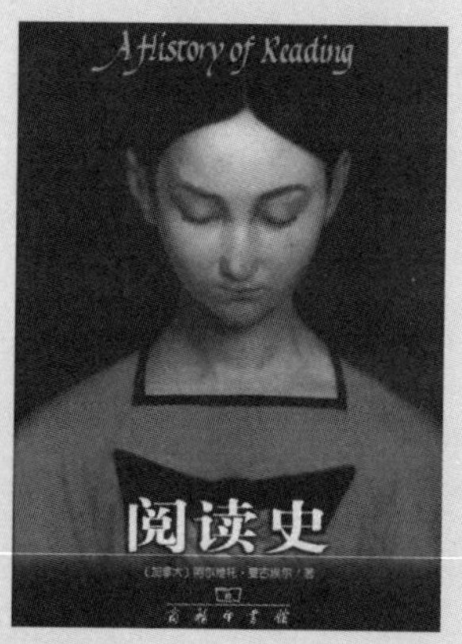

阿尔维托·曼古埃尔（1948~）

极具天赋的作家、小说家、翻译家兼文集编纂者，国际上享有盛名。阿尔维托·曼古埃尔出生于阿根廷的布宜诺斯艾利斯，曾旅居意大利、法国、英国及大溪地，1985年后，成为加拿大公民。

获奖作品有《天堂之门》《虚拟处所辞典》等。

曼古埃尔与他心爱的文本的幽会是亲合的、有占有欲的、“十足私密的”。每一次艳事都是在险象环生中完成，且有着对刺激的详细记录。他就是图书馆的唐璜。

——乔治·斯坦纳

阿尔维托·曼古埃尔之于阅读，正如卡萨诺瓦之于性。

——《苏格兰星期日报》

阿尔维托·曼古埃尔怀着对书籍和阅读的深厚情感，花费7年时间系统研究人类从史前到当代的阅读活动，完成了《阅读史》一书的写作。作者在书中写道：“不管是哪一种情况，阅读其意义的都是读者；允诺或承认事物、地方或事件具有某种可能的可读性的是读者；觉得必须把意义归诸一套符号系统，然后辨读它的是读者，我们每个人都阅读自身及周边的世界，俾以稍得了解自身与所处。我们阅读以求了解或是开窍。我们不得不阅读。阅读，几乎就如呼吸一般，是我们的基本功能。”

分享嘉宾
魏玉山
中国新闻出版研究院院长
全国政协委员

每个人都有自己的阅读史

——在《阅读史》中理解阅读的意义

大家好，今天和大家谈一谈加拿大学者阿尔维托·曼古埃尔的《阅读史》一书，我将从三个部分进行导读：第一是关于作者，我们了解一下这个人；第二是关于这部书的导读，我将这部书每一章节的重点内容给大家做一个提示；第三部分是导读结语。

一、关于作者

关于作者阿尔维托·曼古埃尔的信息到现在为止并不是特别多，根据他在我国出版的几本书的介绍，我梳理了一下：作者 1948 年出生于阿根廷，曾经旅居意大利、法国、英国以及南太平洋的一个岛屿大溪地。1985 年以后成为加拿大公民，曾经获得法国文化部的艺术及文学勋章、古根海姆学者奖等奖项，是一个极具天赋的作家、小说家、翻译家、藏书家、编辑。

阿尔维托·曼古埃尔的著作在我国已经翻译出版了多部，按照时间顺序：

《阅读史》（吴昌杰　译，商务印书馆2002年版）

《意像地图》（薛绚　译，云南人民出版社2004年版）

《阅读日记：重温十二部文学经典》（杨莉馨　译，华东师范大学出版社2006年版）

《恋爱中的博尔赫斯》（王海萌　译，华东师范大学出版社2007年版）

《夜晚的书斋》（杨传纬　译，上海人民出版社2008年版）

《想象地名私人词典（上下册）》（赵蓉　译，华东师范大学出版社2016年版）

《语词之邦》（丁林棚、朱红梅　译，上海三联书店2017年版）

根据作者在《阅读史》的自述中所说，他4岁开始学习阅读，7岁会写字。因为父亲是外交官，所以他经常跟着父亲到处旅行。1955年返回阿根廷以后，他就没和家人住在一起，而是一直由保姆照顾。到了晚上，他就自己读书。

1964年，16岁的他在布宜诺斯艾利斯的一个书店找到了一份课后工作，这家书店是当地有名的“皮格马利翁”书店，当时是布宜诺斯艾利斯的三家英文和德文书店之一。他在书店的工作是打扫卫生，清理图书表面的灰尘。他在自述中提到，他在打工期间读了很多书，而且还偷过书。老板也知道他偷书的事情，但是并没有揭穿他，甚至还允许他把一些书带回家去看。我觉得作者后来对书的热爱和他的成长，与老板对他的宽容和鼓励是有关系的。

在书店工作期间，作者结识了来书店看书的阿根廷诗人、小说家、散文家兼翻译家博尔赫斯，并在随后的两年时间里到他家里去给他读书。因为博尔赫斯这个时候几乎全盲了，所以曼古埃尔既是一个读者，也是一个讲书人。博尔赫斯被称为“作家中的考古学家”，也是阿根廷一个非常有名的作家，他有英国血统，曾在剑桥大学读书，掌握英文、法文、德文等多国文字，作品涵盖多个领域。曼古埃尔在给博尔赫斯读书的两年中，跟他学习了很多内容，也是在这期间，曼古埃尔开始关注阅读史。

二、《阅读史》导读

《阅读史》一书由吴昌杰翻译，商务印书馆 2002 年出版，依据的是佛拉明各出版社 1997 年的版本，这是曼古埃尔在我国出版的最早的一本书，也是影响力最大的一本书。全书分为四个部分，共 22 章。

第一部分　最后一页

第一部分只有一章，名字叫“最后一页”。第一章主要谈了三个问题：什么是阅读、作者个人的阅读经历以及阅读史。

关于“什么是阅读”，作者在这里并没有给出一个严格的定义。作者认为阅读是人们认识、感知外部世界的方式，就像呼吸一样，是我们的基本功能。如果按照这样的理解，每个人生下来就已经会阅读，或者说就已经开始阅读了。其实这是一种泛阅读的表述。

作者还讲到阅读有许多种方式，“阅读书页上的字母只是它的诸多面向之一”。也就是说，读书只是阅读的方式之一，或者说读书只是阅读的内容之一。除了读书以外，作者还举了很多阅读的例子：

天文学家阅读一张不复存在的星星图；

日本的建筑师阅读准备盖房子的土地，以保护它免受邪恶势力侵袭；

动物学家阅读森林中动物的臭迹；

玩纸牌者阅读伙伴的手势，以打出获胜之牌；

舞者阅读编舞者的记号法，而观众则阅读舞者在舞台上的动作；

织者阅读一张待编织的地毯的错综复杂的设计图；

弹奏管风琴的乐手阅读谱上编成管弦乐的各种同时性的串串音符；

双亲阅读婴孩的表情，以察觉喜悦或惊骇或好奇的讯息；

中国的算命者阅读古代龟壳上的标记；

情人在晚上盲目地在被窝底下阅读爱人的身体；

精神科医生帮助病人阅读他们自己饱受困扰的梦；

夏威夷渔夫将手插入海中以阅读海流；

农民阅读天空的空气……

如果按照这样的表述，只要是有眼睛、有感知力的人，都有阅读能力，或者都在无时无刻地阅读，所以这是一种非常宽泛的表述。

作者在本书中的重点还是围绕着对图书的阅读来展开的。作者讲到阅读要远远早于书写，因为文字的发明要远远落后于我们的声音或者人的认知能力。作者还讲到，一个社会可以没有书写而存在，但是不能缺乏阅读而存在。他说阅读的历史便是每位读者的历史。我想这一点应该很好理解，因为文字是后来有的，文字产生以前人类经过长时间的社会实践，已经有了大量的广泛阅读行为，同时每个人的阅读史构成了一部整体的阅读史。这也是今天分享的主题——“每个人都有自己的阅读史”，每个人的阅读史共同构成了一个时代、一个国家、一个民族的共同的阅读史。

第二部分　阅读活动

从第二章到第十一章是本书的第二部分，大标题是“阅读活动”。

第二章　阅读黑影

这一章主要从脑科学、认知科学、神经语言学等角度来探讨什么是阅读。书中说到，阅读虽然是从眼睛开始的，但它是“透过头脑中的一连串接续的神经细胞来重构符号的符码，并将文本与某种东西——情感、身体感知能力、直觉、知识、灵魂——浸染在一起”。就是用眼虽然看到了，但关键是要通过脑的一系列复杂活动来感知文本、理解文本。

那么，从这个意义上来讲，阅读是一个非常复杂的过程，与思考相

比并不逊色。所以有人说阅读像谜一样，距完全解开还十分遥远。到现在为止，我们对阅读的认知应该还远远没有达到阅读本身。阅读发生于头脑中的某些特定区域，阅读的过程有赖于我们辨读与运用语言的能力。从眼开始，最后到脑来真正完成阅读内容的解析，这是一个非常复杂的过程。对于阅读来说，我们还有很多未知。

第三章　沉默的读者

这一章讲到人类的阅读历史经历了一个从朗读到默读的过程。在人类早期的阅读活动中，是以出声的阅读为主的，也就是大声朗读。今天大声朗读的人已经很少了，除非是在特定的场合朗读，但是在历史上，最原始的阅读方式是朗读。一直到了公元 10 世纪，默读才在西方普及。有人说中国的默读是出现在 19 世纪，比西方还要晚一些。

朗读和默读有很大的区别：朗读是一种分享，你可以让别人来感知，让别人听到；默读是一种单独的行动，你读什么别人是不知道的，它带有更强的私密性，速度也比朗读要快很多。后来从朗读转向默读，也是为了增加阅读的速度，增加信息量。

当然，现在还是有很多人提倡朗读，特别是对于儿童，有的老师也提倡学生们在学校朗读。前不久刚刚去世的袁隆平院士也讲到他喜欢朗读，一直到前些年他还是喜欢大声朗读。所以朗读是阅读的一种非常重要的方式，虽然现在人们以默读为主，但是朗读并没有离场。

从文本上来看，过去的很多文本也适合朗读，比如说中国的诗词歌赋，读起来朗朗上口，散文也是这样。所以，朗读这种阅读方式与文本的展现形式是密切相关的。现在很多图书已经不便于朗读了，语言佶屈聱牙，读起来很难顺畅，听起来也不便于理解，所以现在默读更流行。

第四章　记忆之书

这一章主要是讲如何提高阅读的效能。作者列举了一些方法：比如背诵，有整篇背诵和分段背诵；摘录一些重要的内容；在书上的重点内容下做一些标记等。

我们经常讲“不动笔墨不读书”“好记性不如烂笔头”，就是说读书的时候要用笔写下来，这样会记得更牢。过去如果想写一篇论文，就要找资料，做成卡片。现在有了智能搜索，这类功能是可以不用了。互联网发达以后，人们的大脑在萎缩，很多人已经不习惯于背诵，因为网上查找太方便了，我们已经把我们的记忆功能让位给了电脑。有一本书叫《浅薄》，就是讲互联网发达以后，给人们的思维方式、记忆方式所带来的变化。例如，现在我们每个人能记住电话号码可能没有几个，因为完全是靠手机去记录，但是过去的人们是强调背诵的。

历史上也有很多小故事是反映背诵的，例如《三国演义》中的第60回“张永年反难杨修，庞士元议取西蜀”。张永年就是张松，是益州牧刘璋的一个谋臣，益州是东汉时最大的州，包括今天的四川省、重庆市、云南等。刘璋当时面临着张鲁的威胁，所以派张松去游说曹操攻打汉中。张松到了曹操阵营以后，曹操的谋士杨修接待了他。大家知道杨修这个人是非常有才气的，著名的“鸡肋说”就是他对曹操的一个口令进行的解读。杨修接待张松以后，把曹操的一本新书《孟德新书》给张松看，以此来显示曹操的雄才大略。张松把这本书“从头至尾，看了一遍，共一十三篇，皆用兵之要法”。张松看完之后说：“此书吾蜀中三尺小童，亦能暗诵，何为新书？”杨修不信，张松“遂将《孟德新书》，从头至尾，背诵一遍，并无一处差错”。可见张松的记忆能力很强，有过目不忘的本领。

在《阅读史》中作者也举了一个例子：1658年，18岁的法国戏剧诗人拉辛在修道院求学时，发现了一本早期的希腊小说《泰奥格尼斯和夏里克莉丝之爱》，并狼吞虎咽地读了起来。他在阅读时，被教堂的司事发现了，司事没收了这本书，并且扔到了火堆里。不久拉辛想办法又弄到了这本书，结果又被司事发现给烧毁了。他干脆一不做二不休，去买了第三本，并将整本小说默记在心。然后，他把它交给气咻咻的教堂司事，说：“现在你也可以把这本烧掉，就跟烧前两本一样。”

从这两个小故事可以看出，“记忆”或者“背诵”是非常重要的，特别是在一些关键场合，如果这个地方没有电脑、没有网络，而你想查一个东西，这时候记忆或者背诵就非常重要了。

第五章　学习阅读

学习阅读其实就是如何掌握阅读的方式和方法。在这一章中主要讲了老师、家长、保姆等如何引导儿童的早期阅读。

亲子阅读的行为其实很早就有，但参与者不见得必须是父母，也包括保姆。这也可以看出在一些国家，保姆的文化程度也比较高。

这里还提到了一种“指读”的读书方法，就是用手指来指着书上的文字和内容的阅读方式。在国外，学校里从六七岁开始进行阅读启蒙，从字母或入门书开始。

第六章　遗漏的首页

这一章讲到阅读有两种方式：一种是阅读文字表面的意思，也就是字面意思；第二种是要理解文字背后的含义，叫寓意，它不同于字面的意思。所以我们看一本书也好，看一篇文章、一段话也好，分析大意的时候，一种是理解表面的意思，一种是理解隐藏在表面意思背后的内涵。有很多书，在文字的字面意思之外，其实另有深意。比如有许多书，如果你不了解背景知识，可能就读不懂。

例如《诗经》中的一篇《国风·魏风·硕鼠》：“硕鼠硕鼠，无食我黍。”不要以为这是在讲老鼠，其实是在讲贪官污吏，或是讲那个时候的达官贵人，他们对劳动果实的侵占。

再比如唐代朱庆馀的《近试上张籍水部》：

洞房昨夜停红烛，待晓堂前拜舅姑。
妆罢低声问夫婿，画眉深浅入时无？

如果从字面理解，就是新娘装扮好后问新郎：“我的妆怎么样？”其实这首诗和新娘新郎没有任何关系，这是一个准备进行科举考试的学子，给当时一个可能会对他的考试有帮助的人写了一首诗，以此来展示自己的才华。这里的“舅姑”，不是舅也不是姑，是指公公婆婆，是用新娘问新郎我化妆如何这样一种表意，来对当时的一个水部高官说，你看我的诗怎么样，我是不是可以参加科举考试。所以这首诗文字背后是另有含义的。我们的古诗中这种情况非常多，这就需要我们在阅读过程中，既要理解字面的意思，还要看到背后更深层次的意思。

第七章　图像的阅读

图像的阅读，也就是读图。图像阅读相比文字阅读，具有表达更直观的特点。按照作者的说法，图像是一种通用的语言，它可以打破国界，对一幅图画，使用不同语言文字的人或者是具有不同文化背景的人都能够理解，而且不识字的读者也能读懂图。

早在公元 4 世纪的时候，教会就开始利用图像传播《圣经》。到了 14 世纪，有的教会专门印刷了面向穷人的“穷人圣经”，用每日一图的方式来给信众介绍《圣经》的有关知识，让信众能够从图中理解《圣经》。14 世纪时，图像书在欧洲已经广泛流行，一直持续到中世纪后期。

从文化史的角度来看，图像的出现早于文字很久，在漫长的前文字时代，各种类型的图像就大量出现于先民的社会当中，在世界各地发现的岩画、陶器、青铜器等各种文物中，我们都可以看到内容非常丰富的图像。据考古学家李学勤的研究，早在公元前 6000 年，我国就有了刻画符号，这是从河南裴李岗出土的龟甲上发现的，在大汶口文化（距今 6500~4500 年）、良渚文化（距今 5300~4000 年）等出土的陶器中都有许多带有图案的文物。而我国成熟文字——甲骨文，出现在公元前 1000 多年。所以图像比文字要早很久，人类阅读图像的历史比阅读文字的历史也更长久。

第八章　聆听阅读

聆听阅读，主要是指听书。但这里面不是完全从听众的角度讲的，还讲到了说书人，以及说书的场所。说书的场所包括工厂、修道院、宫廷、家庭。书中举例说有工厂专门设了一个读书人的岗位，为工人们读书。听书人的范围就更广了，从儿童到成年人、从工人到信徒，以及朋友，都是听众。

说书也是一种职业，比如作者就曾有两年为双眼已盲的诗人博尔赫斯读书的经历，所以听书也是阅读的一种方式。过去我们可能没有把听书与阅读之间完全划等号，在这本书中是把“听书”也作为阅读的一种方式来进行介绍的。

第九章　书的外形

这一章主要讲书的材质、装帧等书的外观，也包括字体、字号等。

书的材质有很多，国外早期有泥板、莎草纸、羊皮等。我国早期的图书材质也很多，石板、青铜、甲骨、竹简、缣帛等，后来又有了纸张。纸张的发明将图书的材质统一到了纸上。

图书的装帧形式主要和材质有关，包括折叠装、卷轴装、册页装等。中国的图书装帧形式除了前面讲的这些以外，还有蝴蝶装、经折装、旋风装、龙鳞装等。

书中还讲到了图书开本，从最早的对开到四开、八开、十六开、三十二开，到最小的六十四开，开本的变化也很多。

第十章　私人阅读

阅读是具有一定私密性的，无论出于什么样的目的，总有一些人的阅读行为是不期望其他人看见的。由于阅读的目的很多、理由很多，所以阅读需要有一定的私密性。私人阅读的最佳空间就是床，当然其他空间也有，但在床上读书可能是最私密的。

第十一章　阅读的隐喻

这一章主要是讲的是既要阅读有形之书，也要阅读作者、阅读世界，不能读死书、死读书。有很多作家、哲人都讲过，“社会是一本更大的书”，我们既要读有形的图书，更要读社会这一本无形的大书。“我们的任务就是阅读这个世界，因为这一本巨大的书是我们尘世之人唯一的知识来源。”

“世界这部大书”是我们唯一的知识来源，所以书本上的知识其实是死的，而现实的知识是活的；书本上的知识是有局限的，现实的知识更丰富多彩。

第三部分 读者的力量

本书的第三部分标题叫“读者的力量”，共有十章。

第十二章 开 始

这一章实际上讲阅读是从什么时候开始出现的。大概在公元前4000年左右，书籍的史前时期开始，阅读也就开始了。这里主要讲的书籍的阅读史,不是前面讲的广义的阅读,因为广义的阅读是自从有人类就有了。

第十三章 宇宙的制定者

这一章主要介绍了世界上最早的图书馆之一——埃及亚历山大里亚图书馆的创建、图书收藏、图书编目等工作。这里面特别讲到亚历山大里亚图书馆的图书编目为后来世界各国图书馆的馆藏和管理奠定了基础，所以它是具有开创性的，是规则的制定者。

在这一章里还讲到了一个有意思的故事：为了广泛收集图书，当时的皇家法令规定所有停靠亚历山大港的船只,都必须交出所运载的书籍,由当局命人抄写，抄写之后把原本或抄写本再送还给船主，新抄写的图书则被收藏在亚历山大里亚图书馆。通过这样一个措施，亚历山大里亚图书馆成为世界上最有名的图书馆。

第十四章 阅读的未来

这一章讲的不是未来阅读会如何发展,而是如何在阅读中预见未来。包括《圣经》,也包括一些占卜类的图书,其中都包含一些预测未来的内容,如何根据这些内容来预测未来会发生什么，是这一章节的主要内容。

第十五章 象征性读者

读书是一种象征身份、地位、知识财富的行为。所以，读书不是一般的活动，而具有象征意义。这一点很好理解，例如现在一些富人家里也会摆上书柜，做一些假书放在书橱里面，好像自己有知识、有文化。这一章讲的就是读书和身份、地位、文化是有直接关系的，不同身份的人会读不同内容的图书。

第十六章　在墙内阅读

作者在这里想表达的是，阅读是存在着无形的围墙的，或者说是有门槛的。虽然前面讲了每个人都是读者，但是每个人能读的书是不一样的，有些书可能只适合儿童读，有些书可能适合文化水平比较低的人读，还有一些书可能适合文化水平高的人读。所以在书店的分类中，会针对一些不喜欢读文字的读者陈列漫画书，针对儿童读者陈列童书，当然还会再细分。

有一些人会自觉或不自觉地把自己限定在某一类图书的阅读中，这种现象随着智能手机的普及越来越常见，大数据通过算法对你的个人阅读偏好进行解析，然后给你推送大量同类的内容，于是你就被限定在了一定的阅读范围之内，这被称为“信息茧房”。当然也有很多人在尝试阅读不同类型的图书，去翻越阅读的围墙。实际上，我们自己的阅读面、知识面应该更加广泛一点，虽然有围墙，但是不要限于围墙，可以跳出墙来看一看外面的风景。

第十七章　偷　书

鲁迅的小说《孔乙己》中有一个段落：“我前天亲眼见你偷了何家的书，吊着打。”孔乙己便涨红了脸，额上的青筋条条绽出，争辩道：“窃书不能算偷……窃书！……读书人的事，能算偷么？”

偷书其实是一个长期存在的现象，在这本书中作者举了很多的例子来说明在古希腊、在中世纪的西方偷书很普遍。这里举一个例子，这个人偷的书比孔乙己严重得多。19 世纪法国皇家图书馆的秘书，这是一个很高的职位，他偷了大量的珍贵图书拿去倒卖，最后被判了 10 年有期徒刑。所以偷书也是犯罪，并不是像孔乙己说的那样。

第十八章　作家即读者

作家都是读者兼作家的双重身份。一些作家把自己的作品朗诵给读者听，这时他自己也成了读者，所以他既是作家，也是读者。

作家给读者读书有很多目的，一种是听意见，希望读者给自己的书提意见，以便进一步改进；但更多的人是希望通过这种读书行为促进销售。就像现在有一些书店会请作家到店里分享，也是希望扩大宣传促进图书销售，这在国外也是一种广泛存在的形式。

特别是书中讲到，在 19 世纪的欧洲，作者给读者朗读这种情况非常普遍，可以说这个时期是朗读的黄金时代，卢梭、狄更斯等很多著名的作家都曾经举办过多场朗读活动。

第十九章　译者即读者

翻译者也是读者，这一点很好理解，因为要翻译一部书，首先得先把它读通、读懂。当然，每个译者对原文的理解有差别，所以他们翻译的图书译本也有差别。国外为了保证译本的准确性，就出现了一种“钦定本”，是经过原作者审定或经过官方审定的本子，这就让译本更加接近原意。这种情况在我们国内也有，就是原作者审定的。

第二十章　禁止阅读

我们常常说读书无禁区，但是从历史上来看，阅读禁区是长期存在的。主要分两类情况，一种是禁止读某些书，第二种是禁止某些人读书。一个是禁止书，一个是禁止人。

比如秦始皇焚书坑儒，他焚的书就是禁止读的书，除了科技类、医药类的可以读之外，其他的“经”一般人是不能读的，所以他要把这些“经”焚掉，只保留农书、医书。西方的禁书历史其实也很悠久，天主教会在 16 世纪出版了一个禁书索引，并且每隔一段时间就会对索引的目录进行更新，直至 1966 年才取消，一直沿用了 400 年。希特勒在 1933 年也有过焚书活动。所以限制读某些书或某一类书的行为是历史上长期存在的。

书中还讲到禁止某一类人读书，举了一个美国的例子，在 18、19 世

纪，美国对黑人是有读书禁令的，因为他们怕一群有读写能力的黑人在书中找到革命的思想，所以禁止黑人读书。

第二十一章　书呆子

这一章的标题叫“书呆子”，其实是把戴眼镜的读者称为书呆子，讲的是阅读障碍和眼镜之间的关系。在没有发明眼镜以前，很多人因为视力原因没法读书，有了眼镜以后，一些有视力障碍的人就可以读书了。所以书中把眼镜称为“世界上最有用的装置之一”，为有视力障碍的人带来了福音，解决了读书困难的问题。

第四部分　补　页

这部分只有一章。

第二十二章　补　页

这一章主要是把前面一些章节中没有写到、但是又比较重要的内容在这做了一个补充，所以叫补页。

本书评价

对于这本书的评价，我想分以下几点来说：

第一，这本书为我们认识阅读史、理解阅读史提供了一个方法和视点；

第二，书中提供了大量有关阅读的绘画、雕塑、照片，包括在中国不容易看到的、号称是16世纪制作的秦始皇焚书的木板版画照片；

第三，书中还介绍了许多与阅读有关的人和事，有比较强的趣味性和知识性；

第四，这本书主要是以西方阅读史为重点，关于东方和中国的内容并不多。

三、导读结语

我为什么说“每个人都有自己的阅读史”，因为每个人的阅读经历都是独特的，无论你读书多还是读书少，每个人都有一部不同于他人的阅读史。每个人的阅读经历不同，就像每个人的成长经历也不一样，所以没有两个人是完全一样的。每个人所读过的书也是不完全相同的，不管你们的成长环境是不是一样，甚至在同一个家庭里成长，你们读的书也是不完全相同的；即使读的是同一部书，每个人的感受、体悟也是不一样的。所以鲁迅曾经说“不同的人看到《红楼梦》有不同的体会”，国外也有人说“一千个人眼里有一千个哈姆雷特”，都是这个意思。所以每个人的阅读史都是独特的，是独一无二的。

主持人：请您用简短的语言概括一下，您认为“阅读”是什么？

魏玉山：我认为读书是一个人的心灵旅行、精神享受。即使在同一条道路上，每个人看到的风景也会不同、体验也会各异。读书越多，心灵的旅程就越远，看到的风景就越精彩。

魏玉山“阅读”主题私享书单

《毛泽东阅读史》

陈晋　著

生活·读书·新知三联书店　2014 年版

首先推荐《毛泽东阅读史》。这本书比较通俗，强烈建议大家读一读。作者陈晋原是中央文献研究室的副主任，专门研究毛泽东。这本书对毛泽东的读书历程和方法做了非常生动详细的介绍。

据书中介绍，毛泽东一生读书非常多，内容也非常广泛，他在中南海的藏书就达 1 万多种，共 10 万多册，绝大多数的书上都有毛泽东的标注。这些还只是新中国成立以后保存在图书馆的书，此外还有大量的图书，比如在新中国成立以前没有保存下来的，还有毛泽东借阅的一些图书。由此可见毛泽东读书的数量非常可观。

书中还讲到毛泽东的读书方法，也非常值得我们学习。第一个方法叫反复读，一些重要的图书要读多遍。毛泽东自己也说过，“《共产党宣言》我读了不下 100 遍”；再比如《红楼梦》这部书，毛泽东曾经借阅过 15 次以上；还有《资治通鉴》这样大部头的书，毛泽东读了 17 遍以上。第二个方法叫比较着读、对照着读、辩证地读。书中讲到毛泽东曾找了五六十种有关研究老子和《道德经》的书来共同比较着读。还有一种方法就是我们前面提到的“不动笔墨不读书”，要对重点进行标记。

下面的这些书相对来说有的专业性偏强一点，一般的读者可能读起来有一些难度。

《中国阅读通史》（10册）

王余光　主编

安徽教育出版社　2018年版

全书共10卷，是一套关于中国阅读历史的学术著作。

《晚清士人的西学阅读史》

潘光哲　著

凤凰出版社　2019年版

这是一部关于清末西学阅读的专门著作。

《鲁迅〈故乡〉阅读史——现代中国的文学空间》

〔日〕藤井省三　著　董炳月　译

南京大学出版社　2013年版

这本书是日本作家记录鲁迅小说《故乡》发表后被日本和中国读者阅读、评论的历史。

再推荐几本个人阅读史。

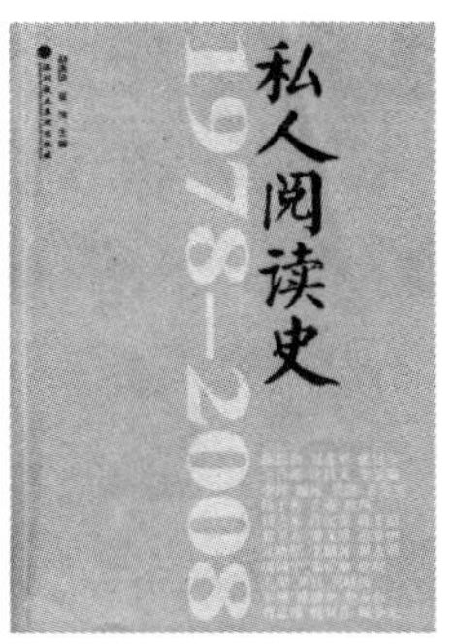

《1978–2008 私人阅读史》

胡洪侠　张清　主编

深圳报业集团出版社　2009 年版

写了改革开放初期一些个体的读书经历与感悟。

《一个人的阅读史》

解玺璋　著

重庆大学出版社　2010 年版

《一个人的阅读史》

张颐武　著

辽宁人民出版社　2008 年版

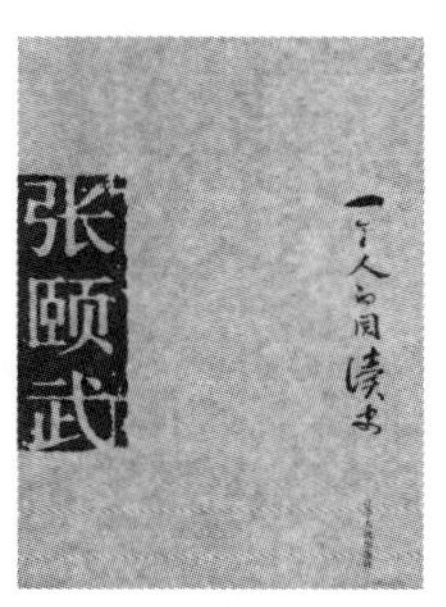

有解玺璋和张颐武两个版本，两位学者分别写的各自的读书情况。

《我的阅读史》

洪子诚　著

北京大学出版社　2017 年版

一部介绍个人读书经历的书。

这些书相对来说比较通俗一些，主要是改革开放以后的个人阅读经历，大家有兴趣可以看一下。

小说的艺术

如何阅读一本书

书与你

如何读懂经典

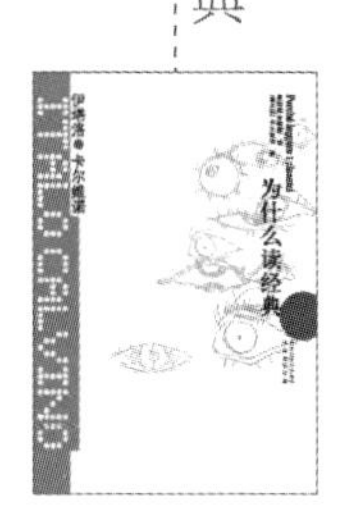

为什么读经典

阅读的故事

我的阅读观

书读完了

如何读，为什么读

阅读史

为什么读书

阅读的艺术

书与你

阅读之道的12堂课

《如何读，为什么读》

[美] 哈罗德·布鲁姆 著 黄灿然 译

译林出版社 2015 年版

哈罗德·布鲁姆（Harold Bloom）（1930~2019）

当代美国极富影响力的文学理论家、批评家。出生于美国纽约，曾执教于耶鲁大学、纽约大学和哈佛大学等知名高校。主要研究领域包括诗歌批评、理论批评和宗教批评，代表作有《影响的焦虑》（1973）、《误读之图》（1975）、《西方正典》（1994）、《莎士比亚：人的发明》（1998）等，被誉为『西方传统中最有天赋、最有原创性和最有煽动性的一位文学批评家』。

这是阅读大师、经典的经典读者哈罗德·布鲁姆在年近古稀时出版的一本个人化的导读著作。他为我们梳理西方不朽作品，谈论他从童年到晚年喜爱的诗歌、小说、戏剧。本书可以视为是《西方正典》的互补版，已读过《西方正典》的读者，可以在这里再探索和再发现西方正典，再次感受布鲁姆的批评能量；初次接触布鲁姆的读者，则可从这里开始，踏上寻访和分享西方正典的旅程。

他是批评界的巨人……他对文学的热忱是一种令人陶醉的麻醉剂。

——《纽约时报杂志》

读哈罗德·布鲁姆的评论……就好像在读石火电闪般的经典。

——文学理论家 M. H. 艾布拉姆斯

至少就我自己而言，他是少数几位我对其推荐的作家不敢掉以轻心的批评家之一。

——诗人、作家、本书译者 黄灿然

分享嘉宾
石　恢
韬奋基金会阅读组织联合会会长
一起悦读俱乐部创始人

如何读，以及为什么这样读

——布鲁姆《如何读，为什么读》分享

非常高兴有这么一个机会，和大家一起分享哈罗德·布鲁姆的这本《如何读，为什么读》。

我想分三个部分来讲今天的内容。第一部分谈谈如何读《如何读，为什么读》这类书；第二部分主要谈布鲁姆这本书到底讲了什么内容；第三部分，我们读完一本书以后，通常还需要一点反思和评价，那么我会主要谈谈我个人对这本书的看法。

一、如何读《如何读，为什么读》这类书

既然我们今天要谈论的这本书，是关于阅读方法和阅读解读的书，那么，我们就从这一本书说到这一类型的书，然后再从这一类型的书，回到这一本书的阅读。

（一）导言："这类书"是指什么书

如果大家看过布鲁姆的这本《如何读，为什么读》这本书，就会很明显地发现，这和我们通常读的论著有很大的区别。这本书实际上是一种导读，基本上就是西方文学史的名著导读。作者布鲁姆作为一位文学批评家，他从自己的阅读感受和阅读趣味出发，重新梳理了一个简明的西方文学史。我们甚至也可以把它看作是一种个人的推荐书单，既是名著导读，也是一种个性化解读。

这样的导读和解读有没有作用呢？当然是有的，比如我们在译序中看到有一段，布鲁姆提到契诃夫本人最喜欢的作品，是只有三页篇幅的《大学生》。译者发现这是他之前从未关注过的小说，而当他重新阅读这篇小说以后，感到"灵魂的提升"，而他之前可能多次读过这篇小说，却可能因为没有感觉而完全忘记了。这其实就是导读和个人解读带给我们的作用。

所以我们读这类书，首先就是要准备接受别人对我们的影响和引导。这本书的译者黄灿然是诗人，也是翻译家。他提到，我们很多人都可能有过这样的经验，就是自己读书时并没有什么感觉，而在听到别人的提示和介绍时，就发现自己好像之前根本没有读过一样。

黄灿然认为，这既是阅读的盲点，也是阅读成熟的一种标志，即愿意接受别人的提示。我们在别人的提示和介绍之后，重新有了阅读的欲望，重新阅读后找到新的亮点。这种经验，我认为读过书的人的确都应该有过。所以这也就提示了我们今天读的这本书，这种导读类、个性化解读类的书，对我们阅读的作用。

（二）"如何读"这一本书

具体到这本《如何读，为什么读》这本书，又该如何阅读？

首先我们面临一个困境，就是可能不太熟悉书中提到的那些西方文学史上的名著，因为缺乏相应的文学背景知识，导致这本书阅读起来就会相当困难。即使你曾经读过其中的一些翻译作品，你也可能会发现，作者的解读，与你之前自己的阅读感受和理解大相径庭。那么，我们还要不要读一读书中提到的那些原著呢?

人生苦短，我们实在读不了那么多的书，真要跟随这本书去读原著是不现实的。不过，至少我们也应该有一部分是自己熟悉的，或者马上就想去找来读一读的书，这样在阅读本书时，才会有一种对照。

在读这本书的过程中，可能会发现我们在知识上的很多欠缺，作者谈到的内容我们不一定马上能够理解，但如果我们只是打算从这样的导读中跟随作者去巡游，也就是首先用作者本人的眼光，去感受和接受这些名著，那也可以为我们未来的阅读埋下一个种子，而现在的阅读，就只限于一个大致的了解。

采取这样的阅读态度，就要说到译者黄灿然在本书开始的译序了。通常的读书方法，就是要先看前言后记等。这里面黄灿然的译序叫《大作家式的批评家》，是我们了解本书和本书作者很重要的一个文献。但是即使我们先读了译序，仍然会有很多困惑，我们仍然还是有好多东西看不懂。原因很简单，因为这是一篇关于导读的导读，我们从导读的导读来接近原书，当然是很难进入的。

所以我有个建议，最好是把全书读完以后，再回过头来重新读一读这篇《大作家式的批评家》，感觉就会不一样了，我们就会有很多更深入的理解。当然这是我们确定要读这本书。

对大多数人来说，可能根本就没有打算读完这本书，只是想了解一下，大致翻看一下。那么我们不妨先翻一翻译序，看看这本书里到底说了什么，具体提到了哪些要点，这也就够了。这其实也就是我们大多数人在读导读的时候，可能采取的主要态度。我觉得这也是我们阅读导读类书的一个正确的方法，不指望全部读完，大致浏览就可以了。

（三）关于本书书名的解释

现在我要说到这个书名《如何读，为什么读》，看起来它特别像是要谈关于读书的三个基本问题，通常的顺序应该是：为什么读，读什么，怎么读。第一个是前提，关于读书的目的和意义，是每个人的阅读需要首先解决的问题；其次才是读什么，涉及具体的阅读目标，最后才会有怎么读或如何读的问题，因为这是达成目标的路径和方法。

看起来“如何读，为什么读”缺失了“读什么”，但在这本书里面，“读什么”是不言自明的，打开这本书就可以知道，这里讲的是文学，尤其是想象性文学。读什么已经不是问题了，那么这本书真的就是讲如何读书、为什么读书的内容吗？为什么它把“如何读”放到第一位？

作者有个专门的解释，他说“如何读”这个问题，永远指向“读”的动机和用途，这就是为什么我之前用到的标题是“动机和用途”，作者说他绝不会把本书中的“如何”与“为什么”分开。动机是什么，属于主观目的，就是为什么要读它；用途是说有什么用，有什么意义。这本书的主要内容，就是作者以想象性文学作品为例，来进行“如何读”的示范，同时也是对“为什么读”进行了不厌其烦的说明。

具体来说，布鲁姆说的“如何读”，并非是指如何读书这类宏大话题，而是指对文学作品如何理解和如何解读，是指如何读这一部作品或这一位作者。当然作者在讨论具体的作品分析中，也会从中总结出如何读的一般规律，比如他谈到诗歌阅读，说“如何读诗的第一个原则：细读”；又说“如何读诗的第一个重点：尽可能背诗”；还说“所有伟大诗歌都应该大声朗读出来”，等等。

同样，他说的“为什么读”，也是说的与“如何读”作品作家相关联的“为什么读”这部作品或这个作者。虽然他提到阅读是因为孤独、阅读是消灭孤独和增强自我等，但他在解读的每一篇作品的后面，都还会不断重复地提示，为什么读这篇作品和这位作者。比如在谈为什么要读长篇小说《堂吉诃德》时，他会说因为它是“所有长篇小说中最好以及最早的。……你自己身上有些部分是你无法充分认识的，直到你尽可能深入地认识堂吉诃德和桑丘·潘沙”。

所以他的如何读和为什么读，其核心是面向具体的作品，不是讨论我们通常所说的读书方法和读书的意义，就是关于本书的一个简单的解释。本书英文原名为 *How to Read and Why*，中译本为《如何读，为什么读》似难以体现该书准确内容，如果译为“如何读，以及为什么这样读”，可能更合原义。

二、接纳与倾听：布鲁姆在书中讲了什么

本书译者认为，布鲁姆是智慧老人，他用爷爷式的诚恳语气跟我们说话。他散发出来的某种权威口吻，我们有必要予以全面配合并接受他的批评能量，又说“我们也应该向他——布鲁姆老人——有时看似不讲章法的言说方式敞开怀抱”。所以，我们在读这本书时，首先是要信任他，去接纳和倾听他，这样我们才能感知他的智慧，理解他说了些什么。

（一）本书的基本立场和观点

布鲁姆在本书中的基本立场和观点，集中体现在他的前言和序曲中。

在《前言》中，他首先说明为什么应当读书的“一个最主要的理由”，因为“善于读书是孤独可以提供给你的最大乐趣之一”，我们读书不仅因为我们不能够认识更多的人，而且因为友谊是如此脆弱……这样的理由和感受，也许是一个爷爷辈的老读书人，才会感同身受吧。

接着他说明本书的核心意图，就是 “教你如何读和为什么读”，他用众多的样本和例子来示范，包括诗歌、小说、戏剧，他说这些作品不必是读书的唯一清单，但可以看作是最能说明为什么要读的作品的抽样。

我们前面已经介绍过布鲁姆关于如何读的主要观点。这里补充说明的是，他说的“如何读”，也类同于他说的“文学批评”。而文学批评，

按照他的观点，“应该是经验和实用的，而不是理论的”。他所说的“善于读书”，其实也就是把隐含于书中的东西，清楚地阐述出来，所以他说：“我关心的，主要都是设法指出哪些是可以和应当说清楚的，并把它们说清楚。”

虽然他也引用了伍尔夫的一句话：“事实上，关于读书，一个人可以给另一个人的唯一建议是，不要接受任何建议”，但他还是认为，在我们完全“变成自己”之前，听一些关于读书的建议是有益的。

而在本书的《序曲》中，作者更是详细地展开说明了他关于“如何读”和“为什么读”的观点。序曲的标题是“为什么读”，准确含义其实是“为什么要这样读”，而“这样读”就是指向他提出的“如何读”。

他在分别引述了前辈读书人培根、约翰逊、爱默生的相关表述后说：“让我们把培根、约翰逊和爱默生融合在一起，配制一个如何读的处方”，“找到什么才是贴近你又可被你用来掂量和考虑，且击中你心坎的东西，仿佛你分享同一种天性，摆脱时间的独裁”。

这句话大家能读懂吗？你可能会感觉初看很好理解，细读又似乎不知所云。其实，读这句话的感受，就比较典型地反映了我们在读这整本书时，可能会有的一种总体感受。

现在我要说到一个词汇，叫作“内在互文性”，这个也是布鲁姆反复强调过的一个说法，指的就是作者之间相互阅读文本并相互接受影响的过程。比如这句话里面，“贴近你”是约翰逊博士的话，“掂量和考虑”是培根爵士的话，“同一种天性”用的是爱默生的话，他用了好多别人的话来表达自己的意思，这也就是所谓“内在互文性”的表现。

我们从这句话里面，就可以理解为什么我们读布鲁姆这本书，好像感觉比较困难，就是因为他在整个解读过程中，大量使用了我们有所不知的背景知识、前辈作家的作品语录等，就是所谓互文性，这要求我们在阅读此书的同时，需要进一步与其他关联文本进行联结。

约翰逊说的“贴近你”，实际上就是找到适合你自己的；培根说的“掂量与考虑”，说的就是要引发自己的思考；他所说要“击中心坎的东西”，就是要能够打动我们和感动我们；“分享同一种天性，摆脱时间的独裁”，其实就是要契合于我们自己的天性，获得超越时空的共鸣体验。

在《序曲》的后半部分，布鲁姆提出“要恢复我们的读书方法”的五个原则，也存在“互文性”的问题，我现在逐条来解读一下。

第一个原则：“清除你头脑中的虚伪套话”——这是引用约翰逊的话，但在他这里，是特指要清除学院里的各种理论术语。

第二个原则：“不要试图通过你读什么或如何读来改善你的邻居或你的街坊”——是想说明读书就是自己个人的私事，主要是为了自我完善，而不是去为了帮助别人。如此说来，布鲁姆对我们做阅读推广的行为，可能就不太赞成了，他还说“太早涉足行动主义自有其魅力，但那样会消耗时间，而要读书时间永远不够用”。

第三个原则：“一个学者是一根蜡烛，所有人的爱和愿望会点燃它”——引用的是爱默生的话，他表达的意思是：如果你成为一位好的读者，那么你的阅读行为以及所获得的感受，也将会“成为别人的启迪”。

第四个原则：“要善于读书，我们必须成为一个发明者”——这又是来自爱默生的思想，即爱默生说过的“创造性阅读”，布鲁姆将之形容为主动性“误读”。

第五个原则：“寻找反讽”——反讽是指什么？我会再专门解说。布鲁姆说“你无法教某人反讽，就像你无法指导他们去孤独”，而这也正是布鲁姆对目前的阅读状况“濒临绝望”的原因，他认为反讽的丧失，即是阅读的死亡。

这里特别值得注意的是，为什么布鲁姆说到“读书方法”，提出的却是“要恢复”呢？这与布鲁姆的一贯立场有关，他认为当代读书的乐趣已经被学院主义败坏，“专业读书的可悲之处，你难以再尝你青少年时代所体验的那种阅读乐趣……我们现在如何读，部分取决于我们能否远离大学，不管是内心方面的远离还是外部方面的远离……”，所以他

现在要做的努力，就是“重建西方文学经典”，重新“恢复”真正的阅读。

而他理想中的真正阅读，就是“要读用人类语言表达的人类情绪”“有能力用人性来读，用你全部身心来读”，要用莎士比亚这样的伟大文学作品，来驱除那些魅影，而“魅影”指的就是当代那些流行的各种文学批评理论。他在《序曲》的最后再次说到深度阅读的理由：“我们不仅需要认识自我和认识别人，而且需要认识事物本来的样子。然而深读那些如今备受咒骂的传统正典作品的最强烈、最真实的动机，是寻找一种有难度的乐趣。”

最终回答的，依然还是重复“为什么读”的话题：寻找“乐趣”，但是“有难度”，而“有乐趣的难度”，在他看来，就是崇高的可信定义。

（二）本书对文学作品的分析解读

我们前面谈到了作者在本书中的基本立场观点，接下来是关于这本书的主要内容，也就是对一些文学作品的分析和解读。这些文学作品包括有小说、诗歌、戏剧。小说是其中的重头，包括了“短篇小说”“长篇小说 1”“长篇小说 2”三章；诗歌一章里，例举了十余位经典诗人；戏剧一章里，则只有三位作家的作品。

在短篇小说一章里，他讲了屠格涅夫、契诃夫、莫泊桑、海明威等这些早已进入教材的经典作家，也有奥康纳、纳博科夫、兰多尔菲、卡尔维诺等现代西方著名作家，他分别解读了这些作家的一些代表作。

布鲁姆将现代小说分为了两大敌对的传统。第一类是契诃夫式，这一类作家追求真实，而不是幻想，满足我们对现实的渴望，包括奥康纳、海明威、乔伊斯等，都是属于这个传统。第二类是博尔赫斯式，这类作家把真实翻转过来，投身于幻影，表达了我们对于现实世界（他称为“我们所假定的现实”）之外的东西的无限渴望，包括卡尔维诺、卡夫卡等。但要区分这两类作家，也并不是非常容易，因为两者的叙述风格，都不一定对讲故事感兴趣。

长篇小说部分包含两章的内容。第一章谈的是以塞万提斯《堂吉诃德》为代表的具有欧洲英雄主义传统的八部长篇小说，包括司汤达、奥斯汀、狄更斯、陀思妥耶夫斯基、亨利·詹姆斯、普鲁斯特、托马斯·曼的作品。这些小说具有伟大的美学价值和精神价值。布鲁姆提到："在如何读一部长篇小说方面，一个可能值得学习的经验是：主要人物是否有改变，如果有，是什么导致他们改变"，尽管他也有对于这类传统小说形式很快会消失的担忧。

长篇小说的第二章谈的则是以梅尔维尔《白鲸》为代表的七部美国当代长篇小说，包括福克纳、纳撒尼尔·韦斯特、品钦、科马克·麦卡锡、拉尔夫·艾里森、托妮·莫里森的作品。这部分小说被作者称为"美国末世论"小说，是展现美国民族及其命运灾变的景象。但在布鲁姆看来，小说中的末日景象所带来的绝望，并不是我们日常生活中体验的绝望，而是具有超越"尘世的黑暗"的品质。小说中的消极性，可以起到净化的作用。但阅读的功能"并不是要叫我们高兴起来，或过早地安慰我们"，小说真正展现给我们的东西，也要远远多于它们具有净化作用的消极性。当我们回忆起小说中最动人的场面时，浮现在我们心中的往往是小说人物焕发出的高贵品质：爱、勇敢、慈悲。

小说之外是诗歌章节。布鲁姆说他"着重诗歌的内容而不是社会背景，所以我不讨论诗歌形式"，这句话是非常有意思的。我们说到诗歌的时候，指的是什么？当然包括了它独有的外在形式，比如说它的体系、模式、形式、格律、韵律等，但布鲁姆关注的不是这些东西，他关注的是如何解读和为什么如此解读的内容，关注诗歌探索的想象力。我们以布鲁姆对华兹华斯的一首短诗的解读为例——

沉睡封住了我的精神；
我已没有人类的恐惧：
她似乎是一个物件，不能感觉

尘世多年的接触。

现在她已没有运动，也没有力量；

她不听，也不看；

随着巉岩、石头和树林

在地球的日夜运转中滚动

这是一首悼亡诗，诗的第一节把去世的年轻女子描写成幻象式存在，第二节让我们体验到近乎创伤的震惊，但我们读诗不能仅仅止步于此。布鲁姆说，如何读这首诗，以及如何读明白它，“是耐力和接受力的一次颇艰巨的操练，然而也是一次快乐的操练”。

在此布鲁姆引述诗人雪莱曾表达过的一个说法：“他曾把诗学上的崇高，定义为一种说服读者舍弃较容易的快乐而获取较困难的快乐的经验”，从影视和游戏等视觉上所获得快乐当然是容易的，但阅读诗歌、小说和戏剧，才能获得更多的“困难的快乐”，所以布鲁姆强调“雪莱这个定义对本书十分重要”。

布鲁姆认为，华兹华斯这首诗的第二节，就带领我们进入诗学上的崇高性。“崇高”作为古希腊哲学家朗基努斯的关于“风格”的概念，在十八世纪获得了更多的美学内涵，表示自然和艺术中可见的“高高在上”，包括力量、自由、野性、强度，以及恐怖的可能性等方面。运动和力量属于地球的日常运动，而已逝的年轻女子，现在已经具有了巉岩、石头和树林的属性，“这不是一种安慰，然而它启动一个更大的程序，一个可爱的年轻女子之死只是这个更大程序的构成部分”，关于“崇高”概念的一些因素，已经渗入这首奇特的挽歌中。

我们再看布鲁姆对这首诗的总体评价，就容易理解了。他说：华兹华斯的“自然”并不是十分自然主义的，而是一种精神，它向我们招手，把我们引向崇高的暗示或引向恐怖。

本书中的戏剧部分，布鲁姆只用了三部作品来讨论：莎士比亚的悲剧《哈姆雷特》、易卜生的悲喜剧《海达·高布乐》、王尔德的喜剧《认真的重要》。布鲁姆对于莎士比亚的推崇几乎到了无以复加的地步，他说："在文学方面力量方面，我觉得他确实是唯一可以跟《圣经》匹比的。"在本书中，我们处处可以看到他以莎士比亚作为看待任何作家和作品的坐标。对于莎剧《哈姆雷特》："即使是最精辟的读者，也可能无法消化哈姆雷特和他的戏的全部戏剧性，这部戏是'无限之诗'，永不会被耗尽。"

回到本书"如何读"的主题，他给出的方法是："读莎士比亚的戏剧，你就会懂得思考被省略的东西。这正是在认识莎士比亚方面，读者相对于戏剧观众而言，拥有众多优势之一。理想的方式，应该是读一部莎士比亚戏剧，观看一部该戏剧的演出，然后重读。"

选择《海达·高布乐》作为第二部剧作来讨论，这是因为布鲁姆认为易卜生是自莎士比亚以来最重要的欧洲戏剧作家。在布鲁姆看来，"海达·高布乐"的悲喜剧是对19世纪的总结，她把19世纪的那些唯美主义的观念全部变成了毒液，而王尔德赏心悦目的《认真的重要》，则是《海达·高布乐》的真正解毒剂。他说，王尔德本性太善良，做不了讽刺家，但他戏仿上流社会的世界，使得那世界的居民都变成了游戏中的儿童。

总的来说，我们通过布鲁姆对于这些小说、戏剧、诗歌的解读，可以感受他体察入微的机敏与智慧，许多见解也非常独到，即使我们在没有阅读过这些文学原著的情况下，也能够感受到他解读的趣味，以及作为一个长期的专业阅读者对文本细读的功夫。他对许多作品的分析和品味，都非常精彩。

（三）本书中布鲁姆使用的关键词

如果要很好地理解他在本书中对作品的解读，那么，有几个作者反复使用的关键词，我觉得需要提示一下。

另一性

在前言中作者说，读书"它使你回归另一性，无论你自己的，或朋友的，或那些将成为你的朋友的人的另一性"，又说"想象性的文学即是另一性"。

我们现实中人是一个状态，但我们可能还有另外的一种可能性。但为什么他说"回归"呢，这是因为这个"另一性"本来就是内置于我们人格内部，是现实中的自我未意识到或者不承认的另一个"自我"，这就非常类似于弗洛伊德的"本我"部分。这个词的原文是"othermess"，在本书有些地方，它也直接被翻译成"自我"。而想象性文学就是可以将这部分自我揭示并呈现出来。在评论惠特曼诗歌《我自己之歌》时，布鲁姆说："'那另一个我所是'是那个'我本人'，他真实、内在的人格。"

想象性文学

文学创作依赖于想象，离不开想象，想象是文学的关键和基础。所以，文学艺术作品本身就是想象性的，应该并不存在一个"非想象"性的文学。但"文学"也可能包含有文学理论和批评。在艾德勒和范多伦合著的《如何阅读一本书》里，只是将"想象性文学"作为与"实用性作品"相对应的一个范畴，所以，"想象性文学"实际指称的就是"文学作品"。

在与奥·沃伦合著的《文学理论》一书中，雷·韦勒克指出："'文学'一词如果限指文学艺术，即想象性文学（imaginative literature），似乎是最恰当的。"但他也解释说，运用这一术语会有某些困难，因为"想象性文学"或"纯文学"的术语会显得笨重和容易引人误解。原因之一就是英文中"文学"一词的语源（Litera——文字）暗示"文学"（Literature）仅仅限指手写的或印行的文献，而任何完整的文学概念都应该包括"口头文学"。

而在布鲁姆的这本书中，他也随时使用"想象性文学"这个概念，其内涵亦等同于"文学作品"，比如他说"诗歌是想象性文学的桂冠"。但是，他在另一本书中也曾说过："关于想象性文学的伟大这一问题，我只认可三大标准：审美光芒、认知力量、智慧”，因此，本书中布鲁姆所称的“想象性文学”，其实就是他心目中伟大文学的别称。

视　域

“我所说的‘视域’，是指这样一种感知方式，即人和物都是以一种增加的强度被看见，而且这增加的强度具有某种灵性含义。”

“视域”按其本义来讲，是指一个人的视力所及的范围，所以它是有限的，但随着主体的运动，其视域又具有无限的可能性。胡塞尔将之发展为哲学概念，就不仅仅只是与生理上的“观看”的范围有关，也与精神上的“观看”的场所有关，所以在此意义上，感知、想象、感受、直观、判断等意识行为都具有自己视力所及的范围，而世界就是通过这种“视域”而被构造出来。布鲁姆在此就是借用了哲学意义上的“视域”来说明一种被选择、被强化、被感知的世界。

再比如他说：“诗歌常常是视域性的，它试图把读者驯服在一个世界里，在那里读者所瞥见的事物都含有一种超越的气息。”

无意中听到

源于穆勒随笔中谈莫扎特咏叹调时所说“我们想象它被无意中听到”，穆勒所暗示的是，诗歌也是无意识中听到而不是认真听到。布鲁姆借之作为他这本书中反复提及的主题，特指文学作品中的人物与自己，以及正在阅读文学作品的读者与作品之间，所产生的一种对话关系，由此而在无意中获得启发。

比如莎士比亚剧中的哈姆雷特就属于这样的人物，他总是不断地自己与自己对话，从而不断地发现新的自我。而对读者来说也是如此，比如我们阅读诗歌，“诗可以帮助我们更清楚和更充分地跟自己讲话，以及无意中听到那讲话”，“我们跟我们身上的另一性讲话，或跟也许是我们自己身上最好和最古老的东西讲话”。

反　讽

反讽是本书中最高频的词汇之一，它是什么意思呢？我在前面提到恢复阅读的第五个原则时，布鲁姆就解释过反讽："当他说某一件事时，几乎总是毫无例外地意味着另一件事，实际上还常常与他所说的相反。"

但布鲁姆的这个解释，受到了英国著名批评家伊格尔顿的嘲笑，说这本书正是在这种反讽的最微弱的气息中崩溃了。当然，在20世纪的新批评那里，反讽的含义有了非常丰富的阐发。不过反讽最原始和最基本的含义，也的确如布鲁姆所说："宽泛地讲，反讽的意思是说此指彼，有时甚至是正话反说。"同时布鲁姆对反讽还有许多进一步的说明，如"反讽只是一个隐喻""在文学中，反讽有很多意义，一个时代的反讽绝少也是另一个时代的反讽""反讽要求某种专注度，以及有能力维持对立的理念，哪怕这些理念会相互碰撞"，等等。

布鲁姆要求我们在阅读中去"寻找反讽"，其实就是让我们去发现文本世界中的矛盾与对立之处，通过细读，去发现文字表层背后的深度。

我们理解了类似上面这些关键词的含义，那么在阅读本书的过程中，就没有那么大的障碍了。

三、审辨与反思：布鲁姆文学解读的评价

对于布鲁姆在此书中讲了什么，我们首先采取一种接纳和倾听的态度。我们反复强调过，这也是读书本身的需要，我们读书最开始就需要对内容形成了解与整合、解码与阐释，我们要去接受。但所有的阅读完成以后，还要有一个环节，我们希望每一个阅读者还要学会的，就是辨析与反思。

读了这本《如何读，为什么读》以后，我自己对这本书有一点个人的评价，或者说是反思，我谈下面几点。

（一）古典主义与浪漫主义的美学立场

布鲁姆对待经典的文学作品，采取的几乎都是一种古典主义与浪漫

主义的审美立场。他强调的审美只是个人的而非社会关切的观点，来自康德。康德认为审美活动是非功利性的，审美判断更多的是主观的心理功能；并认为在想象性艺术中，天才就是表达超出自然的审美意象的能力。

布鲁姆曾在他的代表作《影响的焦虑》中提出“审美自主性”的原则，认为“只有审美的力量才能透入经典”，而审美力量则包含了“娴熟的形象语言、原创性、认知能力、知识以及丰富的词汇”，这几乎与古典美学家朗基努斯《论崇高》中提出的“伟大的思想、深厚的感情、妥当的修辞、高尚的文词和庄严的布局”等美学标准如出一辙。同时他又特别强调追求审美的独立价值，强调个人情感的主观表达，认为“个体的自我，是理解审美价值的唯一方法和全部标准”，带有强烈的浪漫主义美学特性。

其实，布鲁姆坚守的这些传统美学立场，在现代主义美学兴起以后，就已经千疮百孔。他如果一定要仿佛现代哲学和现代美学历史上什么事情也没有发生一样，继续谈论着他自己想象中和理解中的审美价值与纯文学，我认为是不合时宜的。

（二）对抗性批评及其限度

布鲁姆对当代流行的批评理论均持反对的态度，认为这些只是时尚的流行物，与经典文学传统而言，终将烟消云散。我们现在要说他的对抗性批评。什么叫对抗性的批评？实际上就是以他的审美批评来对抗当代各种批评理论，他把这些当代批评理论统称为“憎恨学派”，因为这些理论都是以批评姿态介入现实社会，瓦解了传统的文学经典，所以他认为这是对文学与社会的憎恨，是在文学中去寻找屈辱的证据。这些批评包括女性主义批评、新马克思主义批评、拉康的心理分析、新历史主义批评、解构主义和符号学，等等。

例如布鲁姆曾以托马斯·曼为例，谈到关于这位作家新传记的书评，“几乎总是集中于谈论他的同性恋情欲，仿佛他必须被我们核实为同性恋者，才能引起我们的兴趣”。布鲁姆站在传统立场对当代的批评非常尖锐，也很有趣，但我们也可能会感到，他的许多批评其实是有不少误会的。

他也反对大众文化对文学经典的侵蚀，他把斯蒂芬·金的惊悚恐怖作品、魔幻小说《哈利·波特》等受到大众欢迎，都看作是当今英语界和西方文化界里发生的最为可怕的事，所以他也以对抗性批评来贬低大众文学和文化研究。

换一个立场来看问题，伊格尔顿就指出，布鲁姆排斥政治历史解读和学院教条主义，但他自己的浪漫主义色彩、孤独感、诉诸自我和对“纯文学”正典的推崇，也恰恰是深受美国社会风气的影响。伊格尔顿讽刺：“伟大的作家不需要任何历史背景做基础，就像人们不需要购买已属于自己的果酱一样。但人们很清楚布鲁姆的批判有多依赖于社会条件。”

任何一种观点和批评，都有自己的背景、立场和取向，并没有任何一种纯粹的客观。我们只要理解布鲁姆代表着对当代流行的过激思想的一种反弹就可以了。

（三）精英路线与个人趣味

布鲁姆坚持审美理想，代表了一种文学精英主义的批评思想。他非常明确地指出:“文学批评作为一门艺术，却总是、将仍是一种精英现象。”

他说的这种精英现象，其实是由一个群体的经历、教养，以及个人趣味所构成。布尔迪厄曾经在《区隔》一书中，对个人美学趣味进行过清算，他指出：“生成趣味判断力的机制并非如康德所言，源自人类先验的综合判断，相反，趣味判断力是后天的、决定的，是社会区隔的标志；社会等级是社会历史建构的，对趣味判断力具有规范和等级形塑作用。”所以“趣味”实际上成为一种社会分层现象，也是一个阶层的准入门槛。

强调阅读的审美体验，其实难以避免个人化性质的美学趣味。就以布鲁姆本人为例，他七岁开始阅读经典，从小受优质的教育，大学后从事文学研究，一生都在阅读，正是他这样的阅读经历，让他在优渥的学院环境里养成了这样的阅读趣味，这本身就是一种社会身份和规范的象征。所以，在这种意义上来讨论“如何读，为什么要这样读”的问题，并将之作为一种普适性的原则来教给大家……但是这真的是可以“教”呢？

（四）印象式、感悟式批评

翻开布鲁姆的这本书，我们随处都可以看到他写的“我认为”“在我看来”“以我的判断”“至少就我的经验而言”“我关心的是”“我想不出还有别的什么”等这类非常随意的、带有极其私人化趣味的评判。书中的文学解读，其实大量属于我们常说的个人印象式、感悟式的批评。

当然，这种印象式、感悟式批评，有其可信与可爱的一面。我们仅以本书解读作品的第一个板块“短篇小说”中的第一篇“屠格涅夫”为例。我几十年前就读过了《猎人笔记》，但并没有留下多少印象，正是读了布鲁姆的评论后，我认为有必要重新阅读屠格涅夫。本书中谈到的《别任草地》，在人民文学出版社的丰子恺译文版里，是叫《白净草原》，这次重读让我对这个作品产生了全新的感受，我完全认同布鲁姆的看法：“一个延续吸引住我们；草地和黎明的美丽；少年们讲述超自然事物时的绘声绘色；那无可躲避的、带走帕夫卢沙的命运。”

布鲁姆这里提到的这个“命运”到底是什么，他不会去探究，他只是停留于作为阅读者在此获得一种“难以言喻的美”的瞬间感悟。虽然就我自己的阅读习惯而言，结合《猎人笔记》的整体，也许还可能去探寻和质疑这个“命运”背后的制度安排。但布鲁姆说“我们无法从别任草地带走任何单一的解释性观点”，我也是完全赞同的。

但印象式、感悟式批评，也确有需要我们保持警觉的一面。仍然以“屠格涅夫”这一篇为例，书中谈到的《来自美丽土地的卡西扬》，在人民文学出版社的丰子恺译文版里，是《美人梅奇河的卡西央》。对照阅读，就会发现如此印象式批评常会带来信息的失真。布鲁姆的描述是：“在修理车轴时，猎人和治疗师一起到林中散步。卡西扬采草药，边走边跳，自言自语，用鸟儿的语言跟鸟儿沟通，但未跟屠格涅夫说半句话。”而在原作中，并没有所谓“散步”，更不是未说“半句话”。

车轴是坏了，卡西扬带猎人到树林中开垦地的事务所去购买车轴，猎人顺便要去树林里打鸟，卡西扬主动要求和猎人同去，他并不是去采药，而是为了通过念咒语，来阻止猎人打猎。这种内容上的误差，如果你说只是微不足道的小问题，我也同意。但这也说明，从个人阅读印象和感觉出发，失去准确性就难以避免。

（五）创造性误读

除了上述这种信息的不准确之外，更严重的问题是有违作品原意的误读。当然，布鲁姆本人曾经专门写过一本《误读之图》的书，以说明现代诗歌与前代诗歌文本是如何发生关联，由此提出创造性误读的说法。但我们在《如何读，为什么读》这本书中所看到的误读，来自他的印象式、感悟式批评，而不是对前辈作家的超越性策略。

我们这里仅以书中“诗”部分的第一篇中的豪斯曼诗歌《西罗普郡少年》第四十首抒情诗为例子。诗歌原文是：

一股屠杀的空气从远方
那边的乡村吹入我心里：
那些记忆中的蓝色丘陵是什么样的，
那些尖塔、那些农场呢？
那是失去的满足的国度，
我清楚看见它发亮，
我去过的幸福的公路
我再也不能来。

布鲁姆说过他“着重诗歌的内容而不是社会背景”，那么，我们也和他一样采取这种新批评式的文本细读方法，来读一读这首诗，看看这首诗写的是什么内容。从诗的总题《西罗普郡少年》到此诗内容，我们都能感觉到这是一个成年人对于消失的童年与故乡场景的伤感缅怀。

“一股屠杀的空气，从远方那边的乡村吹入我心里”，诗人的心里可能正沉浸在对于美好过去的回忆中，但一阵风吹来，把诗人从梦中惊醒，什么都马上消失了，所以这风对于诗人就如一股“屠杀”的空气，把记忆的美好屠杀。于是，“那些记忆中的蓝色丘陵是什么样的，那些尖塔、那些农场呢？”这些景致就是诗人原本正沉浸于其中的故乡记忆。诗人站在现在的时间点上回望过去，“从远方那边的乡村吹入我心里”的风，抹杀了那些代表着故乡记忆的蓝色丘陵、那些尖塔、那些农场。当这一切无处可寻时，诗人发出了追问。

“那是失去的满足的国度，我清楚地看见它发亮”，而那些丘陵、尖塔、农场等，曾经是“满足的国度”，是诗人曾经拥有过的精神故乡，是诗人至今还能在记忆中见到的光亮，但现在它们都已经失去。

“我去过的幸福的公路，我再也不能来。”去过的，是诗人曾经到达的；幸福的，是因为只存在于记忆中的；“公路”与前面的“丘陵”等一样，只是故乡的一种借代；“再也不能来”，是因为再也不能回到过去。诗人在此缅怀，将此时此在的自己，放置到关于过去的记忆场景里。因此说是再也不能“来”，而不说成是“去”。

看起来，这很像是一首类型比较常见的怀乡诗，是一首咏怀童年与故乡的诗歌。

但在布鲁姆读来，这首诗具有完全不同的意味。

他说“‘一股屠杀的空气’是令人叫绝的反讽……具有悖论意味的屠杀的时刻，恰恰也是它应增加生命的时刻”——这样的解读似乎完全不计原诗中明显的时空距离感，屠杀与屠杀之物之间横亘着现在与过去、此在与彼端的虚无。

他说“诗中‘记忆中蓝色的丘陵’乃是以局部见整体，所代表的不只是理想化的西罗普郡，而是一种超越式的‘那边’”——这句话一点没有错，但就是把极简单的事情说得极度复杂。以局部代整体，其实使用的就是非常普通的借代修辞手法。此时的“丘陵”当然不是具体的美化的故乡，而是一种精神上的故乡、理念化的故乡，所以是超越性的“那边”。

他说“一种幸福，而沮丧的豪斯曼从未达至这幸福”——布鲁姆否认诗人曾经拥有幸福，这属于阅读者布鲁姆的个人体验与主观感受。

他又说“在‘那是失去的满足的国度’这一宣称中，含有自我被掏空的哀婉意味，因为那满足只是一种愿望”——他再次否定诗人曾经的满足，断定这只是诗人一厢情愿的愿望。

又说“然而，在无比的肯定中，诗人坚持说‘我清楚看见它发亮’，如同朝圣者坚持认为他确实看见耶路撒冷”——他再次固执地否定诗人自己的“无比的肯定”，并以“朝圣者的坚持”来强加给诗人，这让我们感到非常奇怪。诗人明明白白地说是“去过的幸福的公路”，布鲁姆依然是断然否定，说这“只属于未来”，武断地否决了诗人在诗中所有对于“过去”的回望。

在此基础上，布鲁姆总结说：“那种来迟了的语气，被完美地捕捉和抓住，因为我们最终看到的，是那种最悲哀的爱情诗，那种所纪念的只是一种青春之梦的爱情诗。”

现在，让我们重新回到豪斯曼的这首《西罗普郡少年》的原诗，我们再来读一读，看是否能够真的读出“最悲哀的爱情诗”“一种青春之梦的爱情诗”的味道。

在原诗中，我们其实是看不到所谓被掏空的哀婉、看不到爱情的，但是布鲁姆读出来了。可以这么来解读诗？当然也可以，他说过他只着重关注诗歌的内容，他不关注作者的背景，实际上他是带入了太多的个人理解和感悟。他在这首诗中投射了太多的个人情感，也就是把个人的青春记忆强加于其中。

布鲁姆在这首诗里的误读与偏执令人惊讶，但当我读到他下面这句话后，感到了一定程度的理解，他说：“我八岁时，经常边走边给自己吟诵豪斯曼和威廉·布莱克的抒情诗，我现在还这样，尽管不那么经常，但热情不减。”——让我们设想，八岁时的聪慧而敏感的少年人，诵读豪斯曼的这首《西罗普郡少年》会读出什么内容呢？他能读出时间的距离感吗？很难！他读到的是现场感：现在将不在，而未来还未到来。他所获得的最强烈的感受，正是哀怨与沮丧。少年布鲁姆已经把自己与豪斯曼合二为一，“那些‘幸福的公路’只属于未来，这就是为什么豪斯曼不能再来”，因为少年布鲁姆还没有过去，所以他在诗中也就没有发现过去，而只可能看到未来。

这种童年记忆，或者说，成长中的情感历程与印迹，是一个人获取审美经验的基础，在他一生的阅读体验中，无不带有这种强烈的个人记忆。布鲁姆说：“如何读一首诗，最好的入门莫过于读豪斯曼，他简单而经济的风格以其明显的单纯吸引人。这种狡猾的单纯掩藏着那种有助于定义伟大诗歌的深度和回响。”

书中这种类似自大狂的自信非常非常多。他甚至以豪斯曼为例，来告知我们“有助于说明如何读诗的第一个原则：细读”，但我读了布鲁姆在此处的细读，只是让我想起了80年代一首流行的台湾校园歌曲中的廉价迟到：“你到我身边，带着微笑，带来了我的烦恼。我的身边，早已有了她，哦，她比你先到。”

所以我们说，本书中的文学解读和阅读审美，无不带有强烈的个人成长经历中的情感记忆，这也是自然的。但这种感性的、经验性的审美阅读的感受，并不具有普遍性。当然，在某种意义上说，所有阅读都是误读，对此布鲁姆也有过更理性的论证。布鲁姆本人坚守传统立场，坚守审美立场，排斥一切当代理论。不过，我也会有自己的立场，对我个人来说，我宁愿选择对当代生活的介入。谢谢大家！

主持人：请您用简短的语言概括一下，您认为"阅读"是什么？

石　恢："阅读是什么"这个话题太大，可我们还是会时常面对这样的话题。我就顺着今天领读的布鲁姆的思路来回答这个问题吧，这本书其实还是给了我很多的启迪。

首先，阅读是一种学习手段，是深度开掘自我的唯一途径。当然你可以不通过阅读来开掘自我，但深度开掘自我，肯定只有阅读。

其次，我们换一种更宽泛的说法，阅读即生活本身，它既是孤独，也是热闹；同时也是对于孤独与热闹的双重逃离。

石恢"阅读"主题私享书单

我还是围绕今天分享的主题，推荐几本关于西方文学及其传统的阅读书目。

《西方正典：伟大作家和不朽作品》

〔美〕哈罗德·布鲁姆　著　江宁康　译
译林出版社　2011 年版

从今天领读内容的延展性来说，我首先推荐的书，毫无疑问是布鲁姆谈西方文学经典的另一本书《西方正典——伟大作家和不朽作品》。布鲁姆说他要告诉我们读者的，"既不是读什么也不是怎么读，我只能告诉你们我读了些什么，并且哪些书籍值得去重读"，这也是合情合理的。这本书写在《如何读，为什么读》之前，那时他并没有打算教我们如何读。

《伟大的书：西方经典的当代阅读》

〔美〕大卫·邓比　著　苇杭　译
国际文化出版公司　2006 年版

这本书记录了一位中年人一段激动人心的经历。本书与布鲁姆的书有一定的相似性，都是谈论西方文学世界伟大的书。但作者的经历，毋宁看作是布鲁姆深刻影响的结果。作者在 48 岁时突然放弃工作，回到自己的母校哥伦比亚大学选择了两门本科生的必修课，即“文学人文”与“当代文明”两门“大书”课。作者重回学校，一方面是因为日益强烈的中年危机感，另一方面是作为一个媒体人，对现代社会媒体对人的腐蚀有了更深刻的认识和厌恶，他感到需要重新界定自己的需要，于是就有了这本书。本书记录了他在一年时间里在伟大著作里面的思想“历险”，但另一方面的价值还在于，让我们感受到西方大学所开展的经典教育（“博雅阅读”）的无尽魅力。

《阅读的至乐：二十世纪最令人快乐的书》

〔英〕约翰·凯里　著　骆守怡　译
译林出版社　2015 年版

第三本书我推荐的是约翰·凯里《阅读的至乐：二十世纪最令人快乐的书》，这本书和我们今天讨论的《如何读，为什么读》是同一个系列的，同样也是译林出版社出的。作者是英国著名文学批评家，他说他选入的这些书目，不是因为它们有“伟大价值”或是体现了人类精神，或其他类似的理由，而是纯粹的阅读愉悦：“这些书给我带来快乐，我也希望其他人想起这些书或者接触到这些书就会感到快乐。”

《私人藏书》

〔阿根廷〕豪·路·博尔赫斯　著
盛力　崔鸿儒　译
浙江文艺出版社　2008 年版

我推荐的第四本书是阿根廷作家博尔赫斯的《私人藏书》，博尔赫斯被称为作家的作家，这本书是他的散文随笔，也是他对自己喜欢的图书所做的解读。我看到有人在推荐这本书的时候，说“让别人去夸耀写出的书好了，我则要为我读过的书而自诩”，这句话我也很喜欢。

《阅读经典：美国大学的人文教育》

徐贲　著
北京大学出版社　2015 年版

《经典之外的阅读》

徐贲　著
北京大学出版社　2018 年版

第五本书我推荐徐贲的书《阅读经典：美国大学的人文教育》，顺带也推荐他的《经典之外的阅读》。作者是到美国学习后留在美国从事大学教育的学者。《阅读经典：美国大学的人文教育》中有他自己在美国大学里的教学实例，基于教师和学生自由精神与独立思考的经典阅读，培养学生思考、提问、讨论、表述的能力，也有作者对人文教育重要的提倡者和实践者列奥·斯特劳斯的研究思考，还有作者自己关于西方古

典的当代启示的思考。《经典之外的阅读》则是对一部分重要著作的解读，思考并探讨20世纪的“恶”，以及如何抵抗“恶”等。

《谈艺录》

钱钟书　著

生活·读书·新知三联书店　2020年版

前面这五种书算是我今天的正式推荐。因为这五种书都是围绕着我今天领读的主题，即关于西方文学、西方经典的阅读以及书目。大量的西方经典，被反复阅读与研究，也已经深刻地影响我们今天的生活，甚至我们的知识谱系。但我们中国自己的经典传统，则在一定程度上似乎仍有所欠缺。所以最后我顺带提及一下钱钟书的这本《谈艺录》。他的《管锥篇》不好读，也太长，所以建议大家看看这本《谈艺录》，因为这本书其实就是对中国文学的经典导读。这本书是关于中国古典诗歌赏析的专著，他用古代诗话的体式，表达的却是现代文学的观念。作者钱钟书和布鲁姆的相似之处，就是对各种文学传统和经典的信手掂来。钱钟书的文字无一字无来处，把汉代经师注经的方法、西方比较文学的研究方法融会贯通，开创了全新的学术体式。

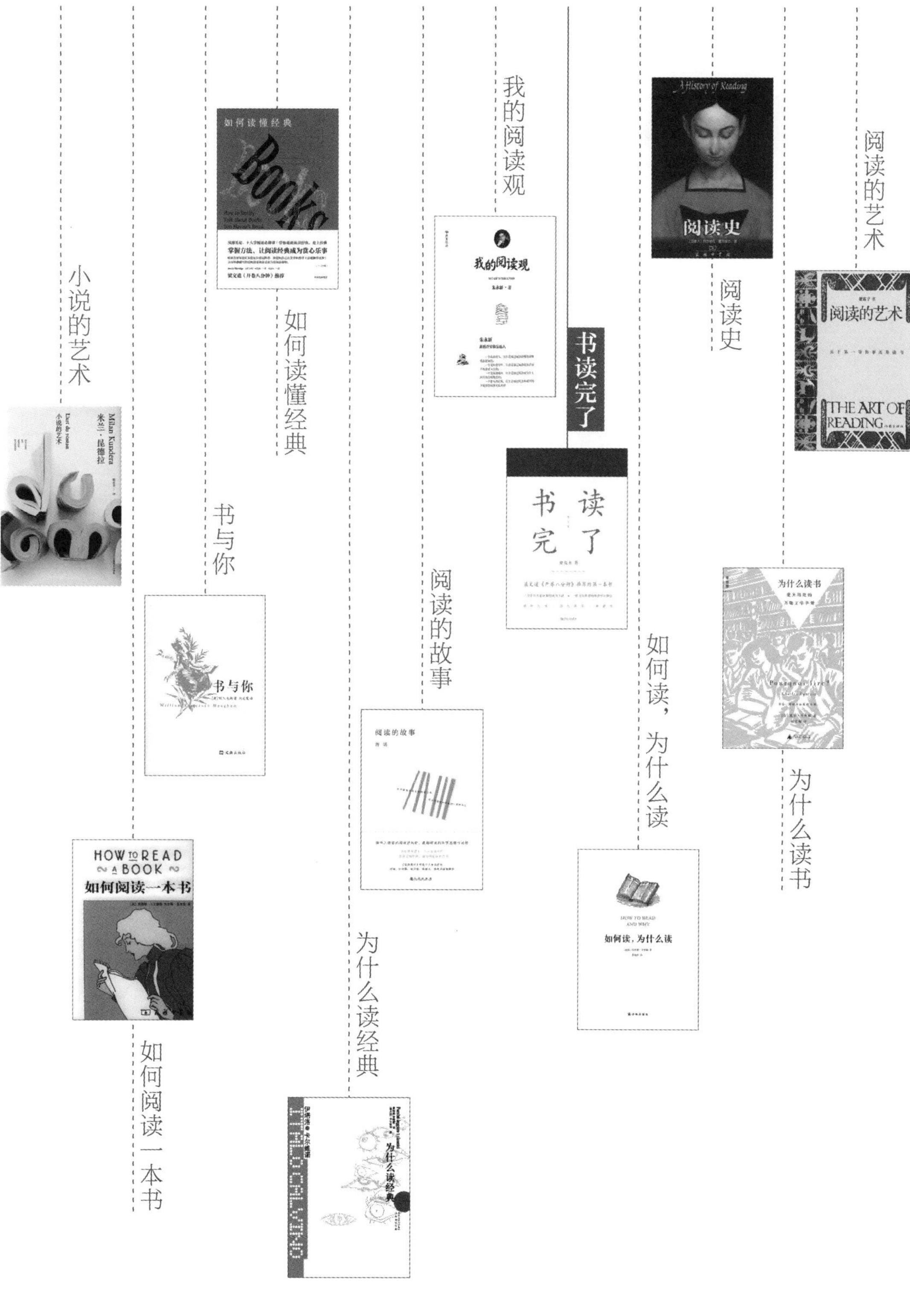

书与你

阅读之道的*12*堂课

《书读完了》（增订版）

金克木 著

上海文艺出版社 2017 年版

金克木（1912~2000）

祖籍安徽寿县。1912 年生于江西，1930 年在北平求学，1935 年任北京大学图书馆馆员，1938 年去香港任《立报》国际新闻编辑，1939 年在湖南省立桃源女子中学和湖南大学教书。1941 年至印度加尔各答中文报纸《印度日报》任编辑，1943 年于印度佛教圣地鹿野苑钻研佛学教学。1946 年回国，任武汉大学哲学系教授，1948 年起任北京大学东方语言文学系教授。

著作有《印度文化论集》《比较文化论集》《旧学新知集》《末班车》《探古新痕》《孔乙己外传》《风烛灰》等，译作有《通俗天文学》《三自性论》《伐致呵利三百咏》《印度古诗选》《摩诃婆罗多·初篇》等。

像金先生那样博学的长者，并非绝无仅有；但像他那样保持童心、无所顾忌、探索不已的，可就难以寻觅了。以“老顽童”的心态与姿态，挑战各种有形无形的权威——包括难以逾越的学科边界，实在是妙不可言。

——陈平原

金克木先生从傅斯年先生那里拿回《高卢战记》，一看全是拉丁文，只页尾的部分有英文的译注，以及教人怎么学拉丁文的语法概要，金克木就真的一页一页这么看，越看越上瘾，整本书居然就这么看完了，看完之后他就学会拉丁文了。各位想想看，像这样一个人，他有没有资格告诉大家书读完了呢?

——梁文道

大家喜欢他的散文随笔，喜欢他的文化评论，其实也就是一句话：被他字里行间的智慧迷倒了。智慧总是和神秘联系在一起的，金先生也就渐渐成了一个文化传奇。

——钱文忠

金克木先生是一代大家，其读书与治学自有独到幽微之处。惜其著作出版广而且杂，况未经人整理，故今日学子，得片羽易，而欲窥其全面则难。本书编者黄德海先生爬梳剔抉，参互考寻，从金克木生前约 30 部已出版著作中精选出有关读书治学方法的文章 50 余篇，分为三辑：“书读完了”——读什么书；“福尔摩斯·读书得间”——怎么读书；“读书·读人·读物”——读通书。其文说理叙事，皆清秀流利，无晦涩难懂之处，普通读者循序渐进，或可一窥大家通人治学读书之堂奥。2017 年的全新增订版，将金克木的读书心得完整呈现。

分享嘉宾
黄德海
《思南文学选刊》副主编
中国现代文学馆特聘研究员

剑宗读书法猜测

——从《书读完了》谈起

一、金克木是谁

今天要谈到的是我编的一本书《书读完了》，作者是金克木。在谈书之前，先来说说金克木的大致生平。

金克木，祖籍安徽寿县，1912年生于江西万载县，父亲为清朝最末一代县官。金克木出生不久，父亲即去世，他随嫡母、母亲和大嫂不断搬迁，于动荡中完成了最早的教育。1920年，金克木随三哥入安徽寿县第一小学，1925年毕业后，从私塾陈夫子受传统训练两年，即读书作文的实用技巧。此后曾任教于小学，于同事处接受时代消息。1929年，入凤阳男子第五中学，备考得高中学籍，半年后学校停课，自此再未正式入学就读。这一时期的教育，既有旧式背诵和实用训练，也有传统知识结构提示，更兼各种当时尚属摸索阶段的新式课堂，金克木深被新旧两个时代的风雨侵染。

1930年，金克木离家至北平，因无缘得进正规大学，只能勉力游学，徘徊于高等学府之间，进出各种大大小小的图书馆。在此期间，金克木泛览书刊，自学外语，广交朋友，在切磋琢磨中眼界大开。1932年底，曾短暂离开北平，至山东德县师范讲习所任教，半年后返回。1935年，经朋友介绍至北京大学图书馆任职，得师友指点，获无言之教，有了深思而来的学习心得。这一阶段，金克木开始各类文体写作，并从事翻译，是他文字生涯的肇端。1937年，抗战烽火燃起，金克木坐末班火车匆忙逃离北平。

此后，金克木流徙各地，1938年到香港任《立报》国际新闻编辑，1939年始执教于湖南省立桃源女子中学和湖南大学，1941年至印度加尔各答中文报纸《印度日报》任编辑，1943年辞职，于佛教圣地鹿野苑随憍赏弥老人钻研印度古典。不得不然地行万里路，自知自觉地读万卷书，加之得遇既熟悉印度经典又具备国际视野的大师指点，金克木学会了梵文、巴利文，见识了国际学术前沿，在实践中形成了独特的读书和思考方式。1946年，遍历山川人文的金克木迫于家事，翔而后集，归国奉母。

回国之初，金克木受聘为武汉大学哲学系教授，1948年起任北京大学东方语言文化系教授。此后的三十年，金克木虽有“预流”之志和扎实准备，终因种种原因未能在国际学术领域崭露头角。至1970年代末，金克木重新大量读书，熟悉因故中断的国际前沿学术，反身自少至老的所历所思所学，思接古今，视通中西，开始了写作上最多产也最出色的一个时段。自此至去世的2000年，金克木陆续出版了《印度文化论集》《比较文化论集》《旧学新知集》《蜗角古今谈》《孔乙己外传》《风烛灰》《印度古诗选》《古代印度文艺理论文选》《摩诃婆罗多插话选》等著译，部分得展平生之才。

以上只是一个大致的介绍，详细讲起来更丰富复杂，值得深思的地方很多，后面也会讲到一些细节。十五六年前，因为受益于金克木的文章，我就特别想把金先生的著作跟大家分享。当时金先生的书出得很散

碎，很多书只印了很少的册数，还分散在各种不同的出版社，搜集很困难，我就想编一本书，把精彩的文章收进来，因此就编了这本《书读完了》。

书分三辑：第一辑："书读完了"，主要讲的是读什么书的问题，其中一些文章示范了某些书的读法；第二辑："福尔摩斯·读书得间"，谈的是怎么读书的问题，一种是福尔摩斯读书法，不管看到什么书，都仿佛像福尔摩斯判断一个案件，里边妙趣横生；另一个方法是"读书得间"，就是琢磨作者文章里没有说出的话是什么；第三辑："读书·读人·读物"，在金先生看来，读人也是一种读书，读物，这个"物"是指各种各样具体的东西，也是读书的一种，这一辑讲书本跟现实世界的关系，是一种更开阔的读书方式。

二、读什么书

我们先来看第一个问题，要读哪些书？古今中外有无数的书籍，即使我们每一刻都在读书，也是读不完的。面对这么多书，应该怎么选择？这就有了读什么书的问题。比如说，如果我们喜欢《红楼梦》，那么光是研究《红楼梦》的书，两三年甚至三四年的时间都不一定读得完。有时候我们读了很多研究《红楼梦》的书，但《红楼梦》本身却还没有读，遇到这种情况怎么办？金克木说的是，要读不依傍其他书、而其他书都依傍它们的书，不管是中国还是西方，都有这样的书。上面说的《红楼梦》，就是这样的书。金克木在《"书读完了"》一文中举了一些例子，比如说西方的有《圣经》，不读《圣经》，我们几乎很难读懂西方公元以后的书。哲学方面，有柏拉图、亚里士多德、笛卡尔、狄德罗、培根、贝克莱、康德、黑格尔。文学作品，则有荷马、但丁、莎士比亚、歌德、巴尔扎克、托尔斯泰、堂吉诃德等。这些书就是基础的书，如果不读这些书，读再多的当代作品，都不知道西方文化的演进路线是什么。

除了西方的书，我们还要读中国的书，有哪些呢？按照前面的原则，这些书应该包括《诗》《书》《易》《左传》《礼记》《论语》《孟子》《荀子》《老子》《庄子》。这么看的话，几乎全是先秦的书。如果不了解这些书，恐怕连《红楼梦》《牡丹亭》里很文雅的玩笑都看不懂。这是经书序列。历史方面，要读《史记》《资治通鉴》，加上《续资治通鉴》《文献通考》。如果读文学书，可以读《文选》。这样，文史哲的书都有了。

这就是金克木《"书读完了"》这篇文章的主要内容，强调读不依傍其他书、而其他书都依傍它们的书。从这个方向来看，好像书真的是读得完的。基础的书看了以后，我们就大体有了一个对文化的总体性了解。需要强调的是，这只是一个方法，背后是认真和敏锐的思考，并非泛泛翻检过这些书，就算是读过了。

在《"书读完了"》这篇文章里，金先生只说了纯属中国的书，其实还有一部分书对中国来说是很重要的、但并不是源自中国，那就是佛教文献。我们大概很想知道金先生怎么看待汉译佛教文献问题。这里可以提供两篇文章，一篇叫《谈谈汉译佛教文献》，一篇叫《怎样读汉译佛典》。在这两篇文章中，金先生提纲挈领，指出了汉译佛教的重要经典。这些经典其实也可以说并非完全是印度的，因为跟中国文化结合得非常紧密。如果想更全面了解印度的文化，可以看金先生的《梵竺庐集》，里面有翻译、有解说，有对印度更加复杂的思想状态的介绍。

三、怎么读书

照上面的思路，读经典好像很简单似的，也就那么几十种，假以时日是读得完的。可是，那些书都像压缩食品，凝聚着无数代人的心血，消化起来有很大难度。那这些书怎么读呢？这就要提到书的整体和结构。

什么是书的整体和结构？刚才的书目，包括古今中外无数的书，都有一个整体的框架。比如读《老子》《论语》《金刚经》这三本书，如果我们没有一个整体框架，就会把它们看成三本单独的书，可是如果我们脑子里有一个整体框架，就会知道这分别是道家、儒家和佛家的经典，这样我们就等于有了一个整体的概念，会知道一本书在整体里哪个位置上。

晚清时，很多人在做必读书目和书目答问，大概就是要给后来的学习者一个整体性的书的范围，让一个人知道自己读的书是在怎样的整体中，这个整体在一个什么结构范围内。如果不知道一本书所属的整体，东看一本，西看一本，这样读书，表面的信息获得没什么问题，可对稍微深入的学习，就显得不够了。

其实不论是中国的、西方的、印度的，没有哪一个经典丰富的文化系统里，书是没有整体的，而是都有自己的系统结构。知道这个整体结构，就知道自己所读的书在哪个位置上、在什么方向上。

金克木有一篇文章，《传统思想文献寻根》，把中国文化传统中一些非常重要的书做了一个梳理，形成了一个结构，这个结构就是金克木认知的中国文化的方式之一。在这个整体中，金克木列出的汉语原典，包括《周易》《老子》《尚书》《春秋》《毛诗》《论语》；然后是佛教的经典，包括《法华经》《华严经》《楞伽经》《金刚经》《心经》《维摩诘所说经》。

属于中国传统的书里，金克木认为，《周易》是整体里的体、《老子》是这个整体中的用、《尚书》是记言、《春秋》是记行、《诗经》是讲情、《论语》是讲理，也就是说，这六本书里包含了一个文化整体的体、用、言、行、情、理，涉及了为人处事的方方面面。属于佛教的部分，从印度传入中国，经中国文化消化的这部分书，《法华经》讲信、《华严经》讲修、《楞伽经》讲解、《金刚经》讲悟、《心经》讲秘、《维摩诘经》讲显，也是一个整体。

这十二本书，勾勒出了中国传统文化的一个结构。有了这十二本书的大致定位，我们就可以知道每本经典在谈什么问题。在文章里，金先生还大体说了每本书是什么类型的，用什么方式读比较合适，是非常有意思的设想。

这样把经典划分出整体和结构后，我们看到某一本经典的时候，就知道这本书在整体中的位置，为什么是这种说话方式。比如，《论语》为什么是问答的形式？因为它是“用”，一定要结合实际，在实际中归纳出“理”，不能脱离实际，必须具体事实具体对待。

不光这篇《传统思想文献寻根》，金先生的《文体四边形》《文化三型·中国四学》等，其实都在谈论书的整体和结构。包括这些书是如何形成的，它们怎么走到了今天，对今天的学习有何用处，我们怎么来读这些书等。

金克木的文章，从来不是为了完成什么学术指标，也不是为了显示自己才高八斗、学富五车。他几乎所有的文章，都要把自己认识到的经典的美和好传达给我们，包括他讲读哪些书、讲书的整体和结构，都是在实现这一目标，希望未来的人可以好好读这些书。

四、如何实践

上面谈到金克木提倡的读书方法，那么他自己到底是怎么读书的？他讲的这些，自己是怎么实践的？从几个故事开始。

1938 年，金克木 26 岁，他去香港谋生，朋友介绍他去见在香港办报纸的萨空了。萨空了看他手上拿了一本英文书，就跟他说，你晚上来帮我翻译外电吧，金克木就去了。晚上，通讯社陆续来了电讯，金克木就陆续译出来，快到半夜的时候，萨空了来了，看一下后提笔就编。第二天萨空了实在忙不过来，就让金克木连翻译带编辑，把这一版国际新闻给处理掉。后来金克木就向别人学习怎么编校、怎么发排，学习电文陆续来的时候迅速判断哪些新闻是重要的，是否值得编。

金克木的一个朋友，叫沈仲章，是北大物理系的，还学过音乐，当年跟刘半农在语音学乐律实验室工作，从小就会英文，后来又学了七八种外语，也会很多少数民族语言。沈仲章跟金克木说，我脑子不行，只能学外语，因为学外语不用脑子。金克木当时惊呆了，但这句话后来对他启发很大，他从此知道费脑子的是语言学，而不是学语言，学语言不用费脑子，轻松愉快。他后来用什么外语就学什么，用得着就学，不用就忘，要用再捡起来。

还有一件事。金克木在印度的时候，跟一个教授一起校勘一本书。教授面前放的是藏文，金克木面前放的是玄奘的汉译本，梵文本放在桌子中间。开始，两人轮流读照片上的梵文，读完再看各自的译本。不久金克木熟悉了梵文的文体和用语，也熟悉了玄奘的翻译特点。有一次，教授念出了一句话的前半句，金克木随口照着玄奘的译文还原出了下半句，和梵文一字不差。这样，他们的校勘速度大大提高。两个人每天只能工作一个小时，可不到三个月就把书校完了。这种把一个事儿正着做，然后又倒着做的方式，是金克木经常使用的。

这些故事引出了金克木自己的读书和学习方式，并不是非得把一切都准备好才开始读书。来了一本书，完全没有准备，就开始看。然后思考我怎么跟这本书产生关系，怎么深入地读这本书，有没有什么快速的方式来进入。

这么说有点抽象，很多人会觉得不太形象。那就另外讲一个故事，1936 年，金克木到南京，陪一个女性朋友去莫愁湖玩。湖里有一条独桨小船，划船的人问他们会不会划船。女孩子说会，两个人就到了船上。可是到了船上以后，女孩子说自己并不会划船，金克木试了一下，船不停地在湖上打转，就是不往前走。这时候金克木很生气，可是看到女孩子笑了，他也就不好意思生气了，就专心研究起船怎么划。他发现，独桨船因为没有舵，没法把握方向，因此，桨既起动力的作用，又起调整方向的作用。把这个原理想清楚，金克木就试验了几下，慢慢地就会划船了。

这故事讲的虽然是划船，可是用在读书上，也是一样的。我们并非生来就会读书，所以才需要读书。因此，拿到一本书不要畏难，也不要觉着这本书读不下去，而是尝试想个方法，这样练习多了，可能就会摸索出一条属于自己的读书路线来。

五、剑宗读书法

说到摸索出一条自己的读书路线，给自己找到读某一本书的方式，正是今天我们要说的所谓“剑宗读书法”。“剑宗读书法”其实是个比方。读过《笑傲江湖》的人都知道，华山派有气宗和剑宗，气宗就是所有的基础都打好，再开始练高层次的剑术。比如说先练紫霞神功，练到第八层，才能练什么剑法。剑宗的认知完全不同，哪里会有人等到你打好所有的基础。任何实战几乎都是一次未知，只好把自己的眼光练得无比锐利，在任何实战里，发现对方的漏洞，上来就是一剑。不是先设想有基础的剑法，而是在具体里处理自己的所学，这跟传统的教育方式非常不同。

刚才讲到金克木在香港翻译外电，我们看他写得很轻松，两天一过就可以编整版报纸，但细想一下就知道，对于一个没有从事过报纸工作的人来说，这是一件多么艰难的事情。可是金克木摸索出了一种方式，觉得自己可以做。在他看来，一个人如果想学会读书，可以有一个本事，就是图书馆员和报纸编辑的本事，这本事是一眼看过去就能够看出一个整体来。

金克木当过图书馆的管理员。从前在图书馆工作的人没有电子计算机，书放在架上，一眼望过去，可以看见很多书，就得从望过去的这一眼看到纸墨、版型、字体、版本、新旧。金克木把这种方法叫作“望气”，望一眼，就能看出书的气象来。过去的报社里，编辑管得宽，又要抢时间，要和别的报纸竞争，发稿截稿都有时间。有时候很多新闻稿件忽然涌来，人紧张无比，必须要有一个总体判断。整个报纸的情况要知道，还要知道不同新闻的重要程度，也来不及请示批准，只能自己拿主意，明白怎么做才是最好的。人们管这叫“新闻眼”，也叫“新闻嗅觉”或者“编辑头脑”。

我们从金克木谈读书可以看到，不管是图书馆员的“望气”，还是报纸编辑的“新闻眼”或者“新闻嗅觉”，其实都是一眼看到整体，然后作出判断。人们根本来不及把每条信息完全审定，然后再来做决定。我们大部分时候都是在信息不完善的情况下作出判断的，因此所谓的“剑宗读书法”，其实就是说，没有人能够把什么都准备好才开始读书，我们不得不先知道自己要读哪些书，知道书的整体和结构，然后蹒跚着走进书的世界，一点点摸索出属于自己的读书方法。

在这个过程中，我们要学会看书的相、望书的气，练出上眼就能看到书的整体结构的本事，找出真的进入一本书的方式。这就是我说的“剑宗读书法”，也是今天跟大家交流的主要内容。

主持人：请您用简短的语言概括一下，您认为“阅读”是什么？

黄德海：阅读就是不断学习阅读的过程。这句话还需要解释一下，我们仿佛觉得，只要读书就是阅读，其实并非如此。我们要不断地学习阅读，在这个过程中，我们学习阅读的方式变化了，阅读水平就提高了，这就是“阅读就是不断学习阅读的过程”的意思，其实也是我们经常讲的，“在游泳中学会游泳”的意思。

黄德海“阅读”主题私享书单

《目录学发微·古书通例》

余嘉锡 著

中华书局 2007年版

余嘉锡先生是公认的大学问家。这两种合为一起出版的书，尤其是《古书通例》，一个大学者把自己的读书心得，化成了精妙的语言和非常简要的说法，给人极多的启发。

《史记太史公自序讲记》（外一篇）（修订本）

张文江　著
上海文艺出版社　2021 年版

讲解《史记》的自序，涉及司马迁父子对当时面对的书的整体的判断。这本书是从讲课整理成文字的，非常适合阅读，让大家能够较为平易却并不浅显地走进司马迁的世界。

《眼前——漫游在〈左传〉的世界》

唐诺　著
广西师范大学出版社　2016 年版

唐诺这本书，我觉得是最体贴的现代人写《左传》的书，既能体会古代人的心情，又把每一个可能的问题跟现代社会照应。这既是一本关于经典的书，又是一本跟我们眼前的世界有密切关系的书。

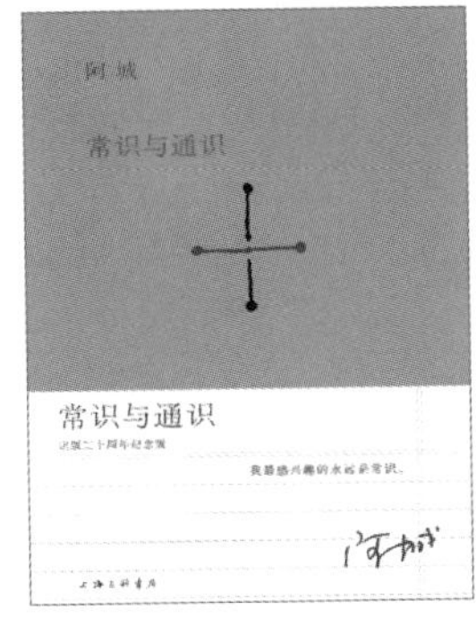

《常识与通识》

阿城　著
上海三联书店　2019 年版

熟悉文学的人都知道，阿城的文字漂亮诱人。这本书讲了一些通常被我们忽视的问题，比如说有时候我们想家了，只是想吃老家的东西了，因为我们胃里有一种从小养成的蛋白酶，让我们思乡。书中，阿城说，你在美国觉得吃西餐吃不惯了，只要吃完西餐再吃包榨菜，感觉就回来了。这就是阿城的幽默和有趣。

《读书这么好的事》

张新颖　著

上海人民出版社　2017 年版

这是一本平易近人地说读书这件事的书，包括怎么读那些读不懂的书，读书遇到困难怎么解决，等等。其中有一篇《书中的恒星》，就提到金克木先生的那篇《“书读完了”》。

《书太多了》（增订版）

吕叔湘　著

上海文艺出版社　2020 年版

这本书是“书读完了”系列中的一种。吕叔湘先生是语文学家，他的文字清通简要，要言不烦，非常耐读。这本书里选的是吕叔湘先生多年思考的很多问题，包括禁忌、笑话中的语言学、书为什么太多了、翻译怎么做、中国人学英语的办法等，非常值得读。

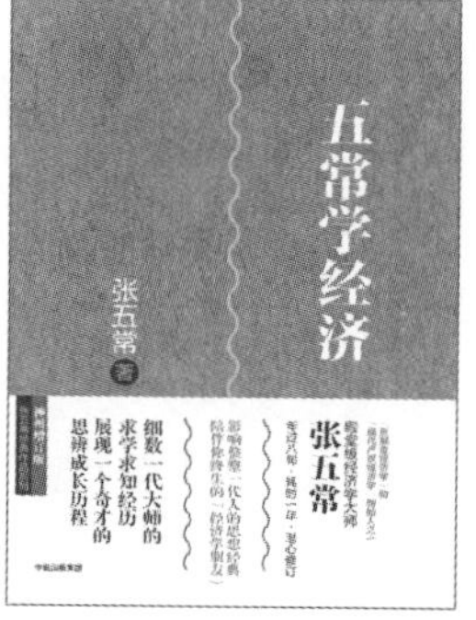

《五常学经济》

张五常　著

中信出版集团　2018 年版

张五常这几篇文章，写的是他跟几位经济学大师学习的过程。这个学习过程，简直像武侠小说一样跌宕起伏、精彩纷呈，简直是一本用武侠小说方式写成的学习过程。我过段时间就会拿出这本书来翻一翻，因为读这本书令人神往。

小说的艺术

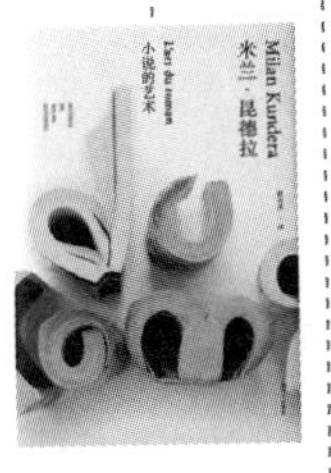

如何阅读一本书

书与你

如何读懂经典

为什么读经典

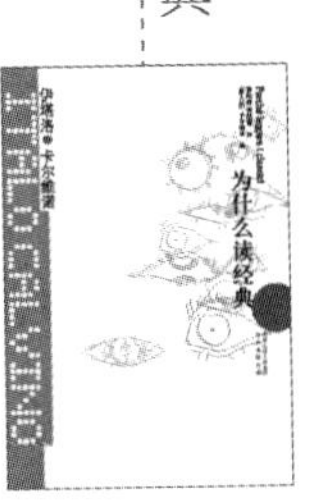

阅读的故事

我的阅读观

书读完了

阅读史

为什么读书

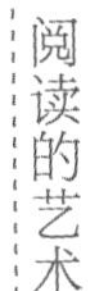

书与你

阅读之道的12堂课

《我的阅读观》

朱永新 著

漓江出版社 2019 年版

朱永新

中国民主促进会中央委员会副主席，第十三届全国政协副秘书长、常务委员会委员。中国教育学会副会长，叶圣陶研究会副会长兼秘书长，中国陶行知研究会副会长。

当代教育家，新教育实验发起人，『中国阅读三十人论坛』共同发起人，新阅读研究所创办人。荣获『中国十大教育英才』『中国教育 60 年 60 人』『中国改革十大新闻人物』『全民阅读形象代言人』『为了公共利益』年度人物等荣誉称号。2020 年 5 月获『2020 国际安徒生奖 IBBY-iRead 爱阅人物奖』。

出版 16 卷本『朱永新教育作品』，并输出版权至美国、韩国、日本及阿拉伯地区有关国家。

朱永新先生曾提出“一个人的精神发育史就是他的阅读史、一个民族的精神境界取决于这个民族的阅读水平、一个没有阅读的学校永远不可能有真正的教育、一个书香充盈的城市才会是一个美丽的城市、共读共写共同生活”等影响深远的五大观点，正是这五句话，构成了朱永新的基本阅读观。

本书即是朱永新先生阐述以上观点的文章汇集，系统阐释了阅读对一个人、一个学校、一个城市、一个民族的价值和意义，用全面深刻的阅读理念，强调了阅读的重要性。

作为一名教育理论家，朱永新教授形成了自己的风格：论述、抒情、问答并举，逻辑严密的理性语言、老百姓习惯于说和听的大白话、思维跳跃富于激情的诗句兼有，依思之所至、情之所在、文之所需而施之。有的文章读时需正襟危坐，有的则令人不禁击节而赏，有的还需反复品味。可贵的是，这些并非他刻意为之，而是本性如此，自然流露。这本性，就是他对教育事业的爱。

——全国人大常委会原副委员长、语言文字学家 许嘉璐

朱永新的文章有一个很大的特点，就是有理论有实际，平易近人，用广大教师能够听得懂的语言说出具有教育科学规律性的理论，案例中含有教育的哲学。广大教师容易理解，容易接受。所以他的书拥有众多的读者。

——中国教育学会原会长、教育学家 顾明远

分享嘉宾
朱永新
全国政协常委 全国政协副秘书长
民进中央副主席

共读·共写·共同生活

——阅读与中国教育改造

大家好。今天很高兴跟大家分享关于阅读的一些思考和探索。

100 年前的 1928 年，陶行知先生在主持晓庄师范学院的时候，为了庆祝他母亲的 60 大寿，把自己写的文章编成一本教育文集献给母亲。这本书很有名，叫《中国教育改造》，收录了 33 篇文章，是陶先生在 1928 年以前对中国教育考察和研究文章的合集。

陶行知先生曾经提出：要筹集 100 万资金，召集 100 万个教师，改造 100 万个乡村。我们知道他的生活教育理论在中国现代教育史上有非常大的影响力，陶行知先生的中国教育改造的梦想，在那样一个时代，尽管还没有真正地成为现实，但我作为现在的中国陶行知研究会的会长，我们一直在传承他的思想和遗愿，继续进行中国教育的改造。

所有的中国教育变革，无论是民间的还是官方的，都是在进行教育的变革和改造。我认为，阅读可能是改造中国教育的一条最基本、最直接、最便宜，也是最有效的路径。

20年前，我发起了一个新教育实验，从一所学校开始起航，现在，中国除了港澳台以外，所有的省市自治区都有了我们的实验学校，有了将近5600所实验学校、160多个实验区。新教育实验有十大行动，其中最基础的行动就是营造书香校园。我们在探索的过程中发现，阅读的确是改造教育的最有效方法和手段。

福建厦门的同安区是我们的一个实验区，10多年前开始做新教育实验，当时只有一所梧侣学校参加。这所学校90%以上的孩子都是外来务工子弟，跟着我们做了九年实验以后，它已经达到同安区所有教育考核指标的第一名，一个外来民工子弟学校成为一个区的排名第一的学校，这个区里第一位清华大学学生就出自这所学校。通过阅读彻底地提升和改进了学校的面貌。

在中国，像这样的学校的故事，像这样的区域的故事非常多。再如新教育实验的第一所实验学校江苏常州市武进区的湖塘桥中心小学，这样一所乡村学校，20年来培养出54位中小学校长、6位特级教师、4位特级校长，可以说是一个教育的奇迹。这也是通过阅读实现的。

所以，阅读的确非常重要。

关于阅读的重要性，我在《我的阅读观》一书里，五章讲了五个基本观点。

第一章　一个人的精神发育史就是他的阅读史

这一章主要是从一个个体的精神成长来谈阅读的重要性。我们知道，人的精神和躯体的成长有着不同的路径和规律，但共同点是：躯体的生长靠营养、靠食物，精神的成长也要靠营养和精神的食物；躯体的成长需要运动和锻炼，精神的成长也需要运动，这个运动就是阅读，阅读就是精神的锻炼。所以，一个人精神成长的历程和他的阅读历程是紧密联系在一起的。阅读的高度会决定一个人精神的高度，读什么，你就会成为什么。

第二章　一个民族的精神境界取决于这个民族的阅读水平

这一章主要讲阅读对于一个民族、一个国家的意义和价值。过去我们都以为，阅读只跟个体有关，跟一个群体、民族的关系不大。其实，个体构成了群体，群体构成了民族，民族的精神境界和阅读有着非常密切的关系。世界上那些最伟大的民族都是最善于阅读的民族，一个民族的竞争力、凝聚力和精神力量会直接影响到这个民族的发展。

第三章　一个没有阅读的学校永远不可能有真正的教育

这一章主要讲阅读和教育的关系。苏霍姆林斯基曾经说过："无限相信书籍的力量，是我的教育信仰的真谛之一。"我曾经说过：如果把教育和阅读用两个圆圈来表示的话，这两个圆圈是高度重合的，重合率至少达到60%~70%。把阅读的事情做好了，教育自然也就好了。为什么要把阅读作为撬动中国教育改造的抓手，道理就在于此。

第四章　一个书香充盈的城市必然是一个美丽的城市

这一章主要是从一个区域、社区、城市的角度来说的，一个书香充盈的城市才能成为美丽的精神家园。的确是这样，一个城市最美的风景是城市的精神风景，这个城市的书店、图书馆，就是这个城市的精神风景线。一个城市的市民有没有气质、是不是风雅、是不是有修养，跟这个城市的阅读风气有着非常密切的关系。

第五章　共读·共写·共同生活

这一章主要是讲阅读的方式，共读、共写、共同生活才能拥有共同的语言、共同的密码、共同的价值和共同的愿景。只有共同的阅读、共同的写作、共同的生活，才能帮助我们真正拥有共同的语言和密码，拥有共同的价值观。为什么讲中国古代"半部《论语》治天下"，因为它是以儒家作为基本的思想理念来统一全社会的思想和价值观的。

最近我对阅读又有一些新的思考，今天我还想从一些新的角度再来看阅读的意义和价值。我把它概括为六个方面，从个体到人类的命运共同体，而不只限于群体来看阅读的意义和价值。

一、阅读是个体生命走向幸福完整的必由之路

追求幸福是人的天然权利和终生发展的动力，幸福的最高标志则是内心的宁静满足与人性的完整和谐。所以，阅读对个体的精神成长至关重要。没有阅读就不可能有个体心灵的成长，也就不可能有个体精神的完整发育，也难以实现内心的宁静满足与人性的完整和谐。

每一个人的生命都是一粒神奇的种子，蕴藏着不为人知的秘密，而阅读能够唤醒这种潜在的美好与神奇。因为人类最伟大的智慧、最伟大的思想没有办法从父母那里拷贝和遗传，而是深藏在那些最伟大的经典书籍之中。阅读对于生命唤醒的独特价值在于：在生命独自面对另外一种精神与情感的情境时，书籍为之架设起了灵魂交流的场域，使阅读本身和人的精神的汇通变为可能，从而充盈了个体生命的精神生活，赋予了个体生命更多的意义，让人不断地实践高尚的人生价值。这种读者与作者之间、读者与读者之间的相互映照反复出现，也就意味着自我教育的不断实施。

人是一种符号性动物，只有人才能拥有真正的阅读生活，才能拥有精神的世界。阅读可以在很大程度上解决个人的生存之道，这一点在今天已经是不争的事实。当然这不是阅读的真正目的，阅读的真正意义在于：一旦它成为人的生活不可或缺的一部分，阅读就会成为一种生命享受和圆满的确证。正如英国作家毛姆所说的那样："阅读应该是一种享受。……那些书，既不能帮助你获得学位，也不能指导你如何谋生，不去教你驾驶船舶的技巧，也不告诉你如何维修一辆出了故障的机车。然而，只要你们能真正享受这些书，它们将使你的生活更丰富，更充实而圆满，使你更加感到快乐。"这是因为，广采百花式的博览群书，引领我们走向通往爱、真理和智慧的康庄大道，让我们的心灵变得辽阔而深远，就像朱熹《观书有感》诗中所描绘的那个清澈如许的"半亩方塘"，映照出大千世界的天光云影，同时也让我们变得静谧而温煦，足以抵御世间

的一切喧嚣与浮躁，获得真正的幸福。

对于个体而言，阅读还是一种弥补差距的向上之力。陈平原先生曾经说：读书的意义就是保持一种思考、反省、批判，保持一种上下求索的姿态和能力。他说：“如果过了若干年，你半夜醒来发现自己已经好长时间没读书，而且没有任何负罪感的时候，你就必须知道，你已经堕落了。不是说书本本身特了不起，而是读书这个行为意味着你没有完全认同于这个现世和现实，你还有追求，还在奋斗，你还有不满，你还在寻找另一种可能性，另一种生活方式。说到底，读书是一种精神生活。”

阅读，尤其是儿童阅读，在影响人的志向、人生观、品格情操和生命状态方面的重要作用，已经取得了广泛的共识。新教育理念一直认为：阅读是一种人的意识、思维、心智、认知、情感等全部参与的向上活动，是一种个人建构其精神意义和文化生活过程的活动。每个生命体都先天存在差异，但阅读却是一种可以通过后天培养人人能够掌握的能力。教会孩子阅读，让孩子拥有阅读的能力，他（她）便会通过与书本的对话，拥有积极的人生观；他（她）会通过所阅读到的正能量的内容，不断修正自己对人生和世界的看法和态度，从而提升自己的综合素养，养成向上的高尚品格，并弥补个体自身的先天不足。

我曾经说过，阅读不一定能够改变我们生命的长度，但是可以改变我们生命的宽度、厚度和高度。现在看来，这个判断过于保守了。据参考消息报道，2016 年 9 月英国《社会科学与医学》杂志发表了一项研究成果，根据对 3635 名 50 岁以上人群为期 12 年的跟踪研究发现：平时不读书的人死亡率是 33%，而每周阅读 3.5 小时的人死亡率为 27%。领导这项研究的学者巴维希解释说：“书籍促使人进行深层阅读，帮助读者与外部世界发生更多联系。这些特点帮助年长者保持认知能力。而认知方面的益处则是延长寿命的原因。”确实，阅读在保持认知能力的同时，也让人们对人生、对世界有更加清晰豁达的感受，拥有更加宁静淡然的生活态度。

美国《华盛顿邮报》也曾经报道过耶鲁大学的一项类似研究，读书者的寿命普遍较不读书者长20%。他们的研究报告说书就像健康的饮食和运动，似乎有促进“存活优势”的效果。中国学者虽然没有类似的研究验证他们的研究结果，但是，阅读能够让人宁静，让人有更广阔的胸襟，让人更理解这个世界和人，无疑会让人有更好的心态，延年益寿自然在情理之中。

二、阅读是家庭文化传承与创新的重要根基

中外都有源远流长的家庭阅读传统。比如，犹太民族的母亲会在孩子稍稍懂事的时候，在他们的传世经典上抹上一点蜂蜜让孩子去舔，从小感受书籍的甜蜜，这已是一个流传很广、脍炙人口的故事了。又例如，最早的“童话”其实很多是来自成人传播的民间故事（Folk Tale），但到了18～20世纪，一些中产阶级女性知识分子或贵族妇人如博蒙夫人、奥诺伊夫人等为了缔造更高品位的家庭教育、培养孩子的高雅情趣，就把民间故事进行修改，剔除其中的“儿童不宜”，转化为适合儿童的“童话故事”（法语称之为conteuses，意思就是“女性讲故事者”），在家庭开展亲子阅读。这时，真正意义上的“童话”（Fairy Tale）才产生了。这也足以证明成人对于儿童阅读的重视。再例如，英国传统的绅士教育也十分重视家庭教育，甚至看得比一般的学校教育还要重要，家庭阅读具有至高无上的地位。有人对英国18世纪的托马斯·特纳和佩吉·特纳夫妇的家庭阅读做过个案研究，发现在他们的家庭里，尽管日常生活和工作非常辛苦，但每天的阅读必不可少，或是边做事边阅读，或是不同文本之间的交替阅读，阅读成为他们社交的一部分，主要出于一种虔诚的信仰。

至于中国传统社会，更有“诗书传家”“耕读传家”的文化传承。所谓“道德传家，十代以上，耕读传家次之，诗书传家又次之，富贵传家，

不过三代”的说法，除了“富贵传家”不足取，“道德传家”“耕读传家”和“诗书传家”其实是不可分割的。道德传家虽然最可取，但它离不开“耕”（体力劳动、物质生产）和“读”（脑力学习、精神滋养），所以清朝张师载在《课子随笔·三·宗约》中，主张“耕读为上”是有道理的。如何继承“耕读传家”这份弥足珍贵的文化传统，回应多媒体时代对于阅读的挑战，重建适应时代变化的新型家庭阅读文化，对于个人乃至民族的未来，至关重要。

家庭是人生永远离不开的场所，它是生命成长的起点，也是生命停泊的港湾。“正家而天下定矣。”（《易·彖辞》）家庭更是国家发展、民族进步、社会和谐的重要基点。做好父母、做好孩子的家庭教育是一门学问，而阅读，尤其是亲子阅读是帮助父母成长，进而通过父母促进子女心灵健康成长最廉价、最便捷、最有效，也是最优雅的一条路径。

日本“绘本之父”松居直曾经说过：“念书给孩子听，就好像和孩子手牵手到故事国去旅行，共同分享一个充满温暖语言的快乐时光；而亲子之间交换的丰富语言，是一个家庭最大的财富。”自从20世纪70年代末至80年代初新西兰教育家霍德威等人首创了亲子分享阅读（Parent-child shared-bookreading）这一成人与儿童互动的早期阅读方法以来，国外越来越重视亲子分享阅读。亲子阅读、家庭阅读比什么都更能有助于营造温馨、和谐、高贵的家庭文化氛围。可以想见，置身于一个书香氤氲、文气缭绕、拥有丰富藏书并经常开展亲子阅读和众多书友雅集的家庭，游心经典、澄怀观道、吟诗诵文、畅叙心得，那是怎样的雅兴与格调？在这里，人的精神得以纵横驰骋和自由飞扬，生命得以抚慰、安顿和净化。

家庭阅读尤其是家庭读书聚会常常是亲友宾朋汇聚于雅舍书阁、绿郊山野，边阅读，边沐风听涛、观月赏花、抚琴品茗，阅读与自然、艺术相互补充，个人阅读与群体交流相互交织，家庭阅读和社会阅读相互融通。家庭阅读聚会邀请非家庭成员参与，如同社会组织的公共阅读也

会活跃着家庭成员的身影一样，它们之间的互动让家庭和社区的公共阅读彼此熠熠生辉，彼此从中受益。这样的家庭读书聚会借助清芬四溢、气韵生动、情趣盎然的读书交流，搭建了个人、家庭、社会、自然、文化之间和谐共生的桥梁，这样的家庭读书聚会一旦灿若繁星，就成为社会文化进步与繁荣、民众人格自由与高贵的重要表征！

阅读和家庭是整个教育最重要的基石，而阅读与家庭两个基石，本身又可以合并成一个更大的家庭基石。因为，阅读的种子是在家庭播下的。在《朗读手册》一书的绪论部分，有一首最受美国人喜爱的诗《阅读的妈妈》，其中有这样一段："你或许拥有无限的财富，一箱箱的珠宝与一柜柜的黄金。但你永远不会比我富有——我有一位读书给我听的妈妈。"如果在进入学校以前，孩子就已经热爱阅读，具有初步的阅读习惯、阅读兴趣与阅读能力，我们的教育就会更加顺利、更有成效。

三、阅读是理想学校建设与发展的根本手段

约两百年前，雨果曾这样说："书籍是改造灵魂的工具。人类所需要的，是富有启发性的养料。而阅读，则正是这种养料。由此，学校的重要性便显示出来了……书籍的朝代开始了，学校为它准备条件。"苏霍姆林斯基也曾经讲过，一个学校可以什么都没有，只要有了为教师和学生精神成长而提供的图书，那就是教育。我们可以看到，两位大家对学校教育与阅读寄予了多么大的期待。

的确，学校教育在这两百年里发生了翻天覆地的变化，读书似乎已经成为学校的代名词，学校已然成为"书籍的朝代"的主要殿堂。因此，在学校中，书籍是最不可缺少的材料和财富。在新教育理念看来，阅读是学校最为基础的一种教育手段，是辐射全部教育教学领域、贯穿整个教育教学过程的基本要素。一所没有阅读的学校，永远不可能有真正的教育。如果将阅读渗透到每个学科，不仅有语文阅读，还有数学阅读、

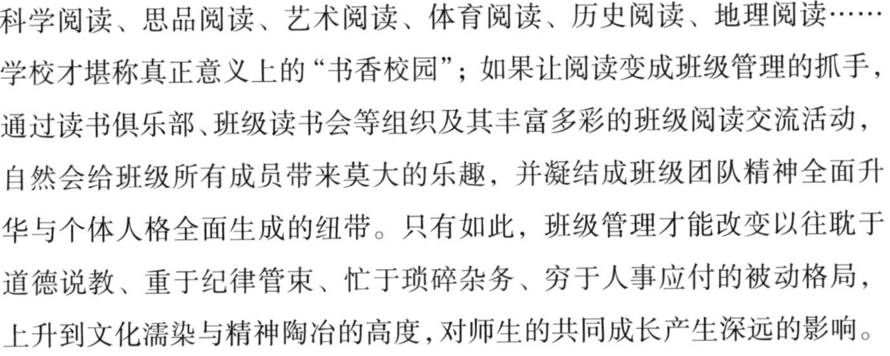

科学阅读、思品阅读、艺术阅读、体育阅读、历史阅读、地理阅读……学校才堪称真正意义上的“书香校园”；如果让阅读变成班级管理的抓手，通过读书俱乐部、班级读书会等组织及其丰富多彩的班级阅读交流活动，自然会给班级所有成员带来莫大的乐趣，并凝结成班级团队精神全面升华与个体人格全面生成的纽带。只有如此，班级管理才能改变以往耽于道德说教、重于纪律管束、忙于琐碎杂务、穷于人事应付的被动格局，上升到文化濡染与精神陶冶的高度，对师生的共同成长产生深远的影响。

其实，学校管理也是如此。如果学校提供大量的阅读时间，有大批热爱阅读的孩子，校园的管理将变得容易，挠头的教学问题也会得以改善。当学生进行自由阅读时，班级会非常安静，很少出现秩序问题。如果用阅读搭建一座连接学校、家庭、社区的桥梁，就能最大限度地消解彼此的种种隔阂与误解，不仅能增强互信，促进共生，还能充分发挥学校主导作用，有效引领家庭和社会的文化建设。说到底，学校教育最关键的一点，就是培养学生阅读的习惯、兴趣和能力。将这个问题解决了，学校的主要教育任务应该说就算完成了。如果一个孩子在十多年的教育历程中，还没有养成阅读的兴趣、习惯和能力，一旦他离开校园就很容易将书本永远丢弃到一边，这样的教育一定是失败的。

四、阅读是社会改良与历史进步的主要工具

（一）阅读的普及催生了现代化进程的一系列重大变革

人类历史的现代化进程是以笃信“知识就是力量”为前提的，伴随着教育的世俗化、大众化进程，阅读的人口数量空前增加，家庭阅读、学校阅读、公共阅读都应运而生，阅读的普及激活了大众的智力，拓展了人们的视野，促进了文化的交流，由此产生的巨大动力大大加速了人类文明的进程，它迎来了空前释放和展示人的尊严、激情、个性、博学、才艺和创造力的“巨人时代”，科学家、发明家、艺术家层出不穷，催

生了文艺复兴、启蒙运动、工业革命、科学革命等一系列的变革。这一点，对于推进我国全面实现现代化的大国梦想，仍然具有极为重要的启迪意义。

在推进近现代化的过程中，不可忽视的一种力量就是公共图书馆的作用。英国哲学家波普尔说过：如果物质文明毁灭了，只要图书馆存在，文明将很快得到重建；但如果图书馆也一同毁灭了，那么，我们的文明在几千年之内也不会重现。由此足见图书馆对于社会文明发展的重要性。这一点在今天尤为明显，家庭、学校的藏书毕竟是有限的，公共图书馆作为现代公共生活的信息中心，它的免费开放，将为我们提供全民阅读、连续阅读、终生阅读的保障。深圳图书馆原馆长吴晞认为，公共图书馆应该对市民免费开放，“进馆可以不带钱包”“市民不需要带任何证件，不需要任何手续，都可以进馆看书”。在新西兰，惠灵顿公共图书馆会为每个新生的婴儿送上一个图书馆礼包，包括一本关于父母如何提高孩子阅读能力的书、一本父母和孩子一起看的书，还有一个图书馆读者卡；每个图书馆都有面向不同年龄的孩子的阅读活动，图书馆有专门的儿童图书馆员来负责此事。学龄前儿童基本上每周一次到两次的故事时间，大孩子的周期稍长，一个月一次；公共图书馆的许多活动都让孩子参与，有的图书馆把一面墙的设计都交给儿童去做，以提高他们对图书馆的认知和参与意识。世界图书馆的历史告诉我们，公共图书馆应当承担大众阅读的领导者和推行者的神圣使命。丰富多彩的阅读推广活动如推荐书目、读书报告会、新书宣传、指导家庭和社区开展儿童和成人阅读等，建设书香社区和书香城市，推动社会的文明进步，具有深远的意义。正如阿根廷著名作家，也是阿根廷图书馆馆长的博尔赫斯曾说过的那样：“如果有天堂，应该是图书馆的样子。”

（二）阅读也是促进社会公平的基础

书籍是促进社会公平最好的礼物。正如美国著名学者赫希在《知识匮乏：缩小美国儿童令人震惊的教育差距》一书中认为：阅读能力几乎与民主教育目标的各个方面都相互关联，包括培养博学多才的公民，让其具备积极参与民主自治的能力。而不同群体之间的阅读差距变得如此尖锐的主要原因，便是学校民主教育基本思想的落空。他指出："阅读能力是民主教育事业的核心，被恰如其分地称为'新民权前沿'。"赫希认为，与经济繁荣和社会公平相比，解决阅读问题才是当下最为紧要的事情。他发起的核心知识运动，就是努力让所有学生能够和那些最伟大的经典对话，用阅读填平社会的沟壑。这是一种有益的启示，它告诉我们，阅读能够让弱势群体的教育状况得到改善，让人自身变得丰盈，逐渐成为优质教育群体，进而改变命运。

斯蒂芬·克拉生在《阅读的力量》一书中用大量的数据对比证明，学校和家庭阅读环境好坏、图书馆有无和多少、藏书多寡、父母教师读书与否、学生阅读量大小等因素与学生成绩的好坏密切相关。对于学校而言，硬件设施是教育的基础，但决定教育水平的是软件水平，决定软件水平的关键是阅读水平。只有在宁静的阅读氛围中，孩子们才不会感到边缘化、差异化。因为阅读能带来精神的宁静和丰盈，消弭物质的匮乏和贫困。重视阅读的学校，即使校舍简陋，也完全有可能是一所优秀的学校。

五、阅读是民族精神振兴与升华的基本途径

一个民族的精神境界取决于这个民族的阅读水平。阅读不只是个人的行为，一个民族、一个国家的阅读普及与提高，决定了她的精神力量，而精神的力量对于一个民族、国家的软实力和核心竞争力的培育，起着关键的作用。国际阅读协会曾经在一份报告中指出，阅读能力的高低直接影响一个国家和民族的未来。阅读对于我们不断强化文化认同、凝聚国家民心、振奋民族精神、提高公民素质、纯化社会风气、构建核心价

值等都具有不可替代的作用。为了我们这个民族的精神力量的养成，为了我们未来的终极前途，我们应该上升到国家战略的高度来认识阅读。

从母语教育的意义上说，每一个民族的母语阅读和传承，是一个民族赖以存在和发展的文化基石，是人类保持文化多样性、互相融合和发展的重要因素。母语阅读不仅是语言的学习，更要在这个过程中养成价值观、思维方式和审美意趣。儿童阅读母语的过程正是他们了解和体验本民族文化，融入传统，形成本民族价值观、思维方式和审美意趣，打下中国根基的过程。一个人能够长多高、走多远，取决于他的根基扎得是否够深，取决于他能否将自己小小的生命之流汇入自己的民族、国家和人类的洪流中，从而获得不竭的源泉和能量。可见，对每一个民族而言，阅读是一条文化传承的基本途径。

正因为阅读对于民族和国家的重要价值，世界各国都高度重视推进全民阅读。从“美国阅读挑战”运动到“阅读优先”方案，美国每位总统上任后都大力倡导阅读，美国政府更是以推动立法的形式，将美国儿童阅读能力培养法律化，同时成立国际阅读协会（IRA）及全美阅读研究小组等专业机构从事儿童阅读的研究。

英国是全球第一个专为学龄前儿童提供阅读指导服务的国家。英国公益组织发起的“阅读起跑线”计划、“一起写作”计划和“国际儿童图书周”很有影响，逐渐发展成为一个世界性婴幼儿阅读推广活动，日本、韩国以及我国台湾、香港、澳门等地都先后加入该项目。

德国成立于1988年的“促进阅读基金会”虽然属于民间组织，但是历任名誉主席都由德国总统担任。德国布里隆市图书馆馆长乌特·哈赫曼女士根据教育认知理论及阅读理解能力设计的“阅读测量尺”，现已成为一项国际性标准，在很多国家得到普及。“阅读测量尺”分为赤、橙、黄、绿、青、蓝、紫以及粉红、桃红、桔红10段，分别对应0~10岁的孩子。每个阶段都会根据该阶段内孩子的心理状况和发展特性提供相应的阅读玩具、阅读书籍和育儿知识，给家长为孩子选购适合的图书提供了专业的指导。

在我国，阅读行动也已经逐步成为国家战略：

2000 年，我国知识工程领导小组把每年的 12 月定为“全民读书月”。

2006 年，我国国家新闻出版总署与多部门联合发出《关于开展全民阅读活动的倡议书》；

2011 年，党的十七届六中全会首次在全会决议中写入“开展全民阅读活动”；

2012 年，党的十八大报告首次将“开展全民阅读活动”纳入我国社会主义文化强国建设；

2014 年以来，“倡导全民阅读”已经连续多年写入我国《政府工作报告》；

2016 年，《中华人民共和国国民经济和社会发展第十三个五年规划纲要》发布，《纲要》将全民阅读工程列为“十三五”时期文化重大工程之一，将全民阅读提升到国家战略高度。2016 年底，我国首个国家级“全民阅读”规划《全民阅读“十三五”时期发展规划》发布；

2017 年 6 月，国务院法制办办务会议审议并原则通过了《全民阅读促进条例（草案）》；

2017 年 11 月，第十二届全国人民代表大会常务委员会第三十次会议审议通过了《中华人民共和国公共图书馆法》；

2020 年，中央宣传部印发《关于促进全民阅读工作的意见》，全面部署深入推进全民阅读，提出到 2025 年，通过大力推动全民阅读工作，基本形成覆盖城乡的全民阅读推广服务体系，全民阅读理念更加深入人心，活动更加丰富多样，氛围更加浓厚，成效更加凸显，优质阅读内容供给能力显著增强，基础设施建设更加完善，工作体制机制更加健全，法治化建设取得重要进展，国民综合阅读率显著提升。

如今，阅读行动渐已成为一种社会风尚。2021 年 4 月，第十八次全国国民阅读调查报告显示，2020 年我国成年国民包括书报刊和数字出版

物在内的各种媒介的综合阅读率为81.3%，较2019年的81.1%提升了0.2个百分点。

六、阅读是人类命运共同体建设的重要通道

《圣经·旧约·创世记》第11章有一个关于巴别塔的故事。故事记载，当时人类联合起来希望能兴建通往天堂的高塔。为了阻止人类的计划，上帝让人类说不同的语言，使人类相互之间不能沟通，计划因此失败，人类自此各散东西。

这虽然是一个虚构的神话，但是从一个侧面讲述了共同的语言、共同的阅读，对于人类命运共同体的意义。当今世界，人类已经从一个个孤岛走向了“地球村”。现代交通、跨国公司、国际贸易，尤其是互联网，已经把世界紧紧地联系在一起。马克思、恩格斯当年在《共产党宣言》中就指出：“由于开拓了世界市场，使一切国家的生产和消费都成为世界性的了……过去那种地方的和民族的自给自足和闭关自守状态，被各民族的各方面的互相往来和各方面的互相依赖所代替了。物质的生产是如此，精神的生产也是如此。各民族的精神产品成了公共的财产。”当今之世，人类同在一个地球村，世界共处一个大家庭。各国相互依存、命运与共，越来越成为你中有我、我中有你的命运共同体。和平发展、合作共赢、天下为公、世界大同已经成为人类发展不可逆转的“大道之行”。这个时候，亟需人类共同的价值观，亟需建立人类命运共同体。

阅读在建设人类命运共同体的伟大进程中可以发挥怎样的独特作用？我们不妨以国际儿童读物联盟（IBBY）为例。该联盟1953年成立于瑞士苏黎世，它是深刻反思“二战”的产物。第二次世界大战之后，百废待兴，各国有识之士意识到儿童读物在促进相互理解与和平共处方面的重要作用，纷纷将目光投入儿童阅读推广工作上来。1953年，杰拉·莱普曼发起成立了旨在“通过高品质书促进国际理解，维护世界和平”的

公益组织——国际儿童读物联盟（IBBY），其宗旨正是通过高品质儿童读物促进国际理解，维护世界和平。2018年，第36届国际儿童读物联盟大会在希腊首都雅典举行，张明舟先生当选为国际儿童读物联盟主席，他在访问俄罗斯期间接受莫斯科卫星通讯社采访时，对阅读促进世界和平和人类命运共同体建设的作用做了很好的解释。他说："今天，令人遗憾和不安的是，这个世界仍然没有太平，不断地有冲突、战争、恐怖主义，当然还有自然灾害等等。在所有这些灾难面前儿童永远是最容易受到伤害的。儿童从小时候如果不了解彼此的文化、彼此的历史、不了解彼此实际上都是一样的人，他们都有共同的情感、共同的人类的价值，如果从小不了解这些东西的话，他们长大以后就很难成为维护世界和平的力量。"他提出，应该让全世界所有的儿童都有机会接触高品质的儿童图书，并且通过这些高品质儿童图书的阅读了解自身、自己的国家、自己的民族，同时也了解别的国家、别的民族，这样"才能产生一种'人类是一家人'和'人类命运共同体'的意识。从小有这个意识，长大之后，他们才能成为人类更加美好的未来的建设者，而不是破坏者"。

1995年，联合国科教文组织把每年的4月23日（作家塞万提斯和莎士比亚诞辰纪念日）——定为"世界读书日"（全称"世界图书与版权日"），提出"让世界上每一个角落的每一个人都能读到书"，让读书成为每个人日常生活不可或缺的一部分。此后每年的4月23日，成为全世界读书人共同的节日！据资料表明，自"世界读书日"宣布以来，已有超过100个国家和地区参与此项活动。很多国家在这一天或者前后一周、一个月的时间内都会开展丰富多彩的活动，图书馆、媒体、出版商、学校、商店、社区等机构团体在这一段时间里都会做一些赠书、读书、演戏等鼓励人们阅读的事情，把读书的宣传活动变成一场热热闹闹的欢乐节庆。如今，阅读行动正在成为世界潮流。

作为2019"世界图书之都"，沙迦酋长国发起了"文化无国界（Knowledge Without Borders）"的项目，其中一个活动就是为每一个家庭分发 50 本图书，希望增强国民对阅读的喜爱，以及对于人类命运共同体的认同。目前已有 4.2 万个家庭从中受益。

中华民族追求和传承着和平、和睦、和谐的坚定理念与伟大传统，同样也可以为建设人类命运共同体作出自己的独特贡献。

以上就是我今天跟大家简单分享的观点，我特别期待：通过大家对阅读价值本身的体认，能够更好地重视阅读、更好地发挥阅读在中国教育改造中的作用。

主持人：请您用简短的语言概括一下，您认为“阅读”是什么？

朱永新：其实对阅读有不同的理解和概念，但是总体上来说，可以简单做一个定义：阅读是一个文化活动，它是对以语言、文字、图片、影像等为载体的信息的吸纳与加工，并且以此为基础，发展思维、促进理性、陶冶情操、丰盈精神生命、实现自我完善的文化活动。在《大百科全书》《中国读书大辞典》里，对它的定义不完全一样。《大百科全书》认为，阅读是一种从书面语言中获得意义的心理过程，也是一种基本的智力技能，它是由一系列的过程和行为构成的总和。《中国读书大辞典》说阅读是一种从书面语言和符号中获得意义的社会行为、实践活动和心理过程，是读者和文本相互影响的过程。

我个人还是比较倾向于认为它是一个文化活动，因为只有人才是符号性的动物，才有阅读。当然，从过去简单的语言文字，发展到图片影像，阅读的方式越来越多元化，但是它主要还是一种信息的吸纳与加工，并且通过信息的吸纳加工去发展思维，促进理性、陶冶情操、丰富精神生命的一个过程。

朱永新“阅读”主题私享书单

阅读的书非常之多，我甚至想专门编一本书，就是关于阅读的100种好书。

《我信仰阅读》

〔美〕罗伯特·戈特利布　著　彭伦　译
中信出版集团　2020 年版

这是我今年读的一本特别好的书，是美国一个非常优秀的编辑、出版家写的，讲了他阅读的故事，作为一个出版人怎么能够出好书？读书要读好书，他讲了他自己很多精彩的故事。克林顿的书是他出的，《第 22 条军规》的书名是他起的，他在美国出版史上是一个非常有影响力的人物，他读书读到什么程度？比如一个作者匿名投稿，他能够看出这个作者是谁，也就是说他对美国最著名的作家的语言风格都非常熟悉了，他的阅读量非常之大。我觉得这本书特别棒，大家可以去看一看，当然这是比较厚的一本书，《我信仰阅读》的书名也非常好。

《造就美国人：民主与我们的学校》

〔美〕艾瑞克·唐纳德·赫希 著　苏林　译
福建教育出版社　2017 年版

作者是刚才讲到的赫希，讲到美国人是怎么形成的，美国人的精神世界、美国社会的不公平是怎么造成的？从而讲儿童早期阅读的重要性。

《造就中国人：阅读与国民教育》

朱永新　著
海天出版社　2019 年版

这本书是我写的，因为赫希写了《造就美国人》，所以我一直说我要写一本《造就中国人》，深圳海天出版社出版，是我在《我的阅读观》之后一本比较重要的关于阅读的书。主要是从阅读和中国的基础教育的关系来谈怎样通过阅读来造就年轻一代。书里有 9 个书目，包括儿童应该读什么书、小学生读什么书、中学生读什么书，这 9 个 100 种书目，第一次完整地出现在《造就中国人》中。

《知识匮乏：缩小美国儿童令人震惊的教育差距》

〔美〕艾瑞克·唐纳德·赫希　著　杨妮　译
福建教育出版社　2017 年版

这是《造就美国人》的作者另外一本书，讲美国人的精神世界是怎么形成的。我们也翻译了赫希的《新文化素养词典》，就一个美国人的基本素质、素养所要了解的关于人类、文化的最重要的概念专门做了这本词典，了解了这些就是一个合格的美国公民了。他在美国发起了核心知识运动，认为任何一个学科都有它最核心的概念和知识体系，把它教给孩子了，孩子的学习就成功了。

《朗读手册》
〔美〕吉姆·崔利斯 著 陈冰 译
新星出版社 2016年版

《朗读手册 II》
〔美〕吉姆·崔利斯 著 梅莉 译
新星出版社 2016年版

《朗读手册 III》
〔美〕吉姆·崔利斯 著 徐海懈 译
新星出版社 2016年版

对从事儿童阅读推广的朋友们尤其推荐这套书。

我刚刚也推荐了一些其他书，比如说《父母的书架决定孩子的未来》是讲家庭阅读的。还有很多很好的讲学校阅读、整本书共读的很好的书，对这些书，我们可以进一步梳理，我最近也在考虑，系统地整理、收集、归纳全世界关于阅读的好书，出一套新阅读译丛。

很多书都分散在各个出版社，大家很难找到，也很难收齐，我们想慢慢地做一个工程，整理从阅读理论到阅读实践的书目。最近，湛庐文化出版了一本《大脑与阅读》也非常好，讲阅读与脑的生理机制、阅读和大脑成长的关系。

书与你

阅读之道的12堂课

《阅读的故事》

唐诺 著

九州出版社 2020年版

唐诺（1958~）

作家、出版人，本名谢材俊，生于台湾宜兰，毕业于台湾大学历史系。曾与朱天文、朱天心等创办著名文学杂志《三三集刊》，后任职出版公司数年。近年专事写作，曾获多种文学奖项，朱天文誉之为『一个谦逊的博学者、聆听者和发想者』。

《十三邀》第三季嘉宾，许知远称其为『天下第一读书人』。

著有《文字的故事》《阅读的故事》《读者时代》《世间的名字》《尽头》《重读：在咖啡馆遇见14个作家》《眼前：漫游在〈左传〉的世界》等。

唐诺代表着某种现代隐士的精神，他躲在台北一个小咖啡馆里，他的世界由博尔赫斯、卡尔维诺、昆德拉、《左传》等构成。他好像归隐到历史非常有趣的一个缝隙里。他应该是个格局很大的人，但被迫生活在一个格局很小的时代。

——许知远

这是一部阅读的辞海。这既是一部欣悦之书，也是一部沉痛之书。阅读所能唤起的千般感触，差不多都囊括其中。它涉及的既是阅读之理性也是阅读之迷思。在最基本的意义上，这也是阅读的必由之路。

——孙甘露

本书系唐诺谈阅读的经典散文作品，以马尔克斯《迷宫中的将军》的片段开启每一章的话题，探讨书籍和阅读的本质困境与种种迷思。十四篇文章涉及阅读的各种面向——阅读的时间、开始、代价、方式、记忆、限制、意义、困惑等等。唐诺诚实地去正视、去描述，把自己的思考和因应解决之道提供给读者，帮助读者解决阅读途中遭遇的各种难题，并与博尔赫斯、卡尔维诺、本雅明、格雷厄姆·格林等大家共同分享探讨阅读的欣悦与困惑，以及阅读所能唤起的千般感触。唐诺以专业读书人的深度体验、博学者的广阔视野、诗性而绵密的思维路径，为读者打开阅读这个寻常行为下所未曾见的极其宽广而深邃的世界，一个充满可能性的意义之海。

分享嘉宾

刘忆斯

资深媒体人 作家

深圳特区报首席编辑

《新阅读》周刊主编

天下第一读书人，我读书故我存在

大家好，我是刘忆斯，很高兴今天有机会和大家分享一些阅读的心得。"读书"说是一个人的事，实际上也不是一个人的事，需要找到自己的知音、同道，需要找到有情感共振和共鸣的人，这也是唐诺在《阅读的故事》里着重提到的一个观念。

一、唐诺其人

起初，唐诺在大陆的知名度仅限于读书界，随着他的书的出版，以及新媒体的推动，尤其自他参加了《十三邀》之后，逐渐广为人知，"天下第一读书人"的名头也开始叫响。

唐诺，本名谢材俊，1958 年生于台湾宜兰，毕业于台大历史系。他的身份是作家、编辑、译者，但是最显然的、也是大家最愿意称呼他的，是读书人，有"天下第一读书人""职业的读书人""最后的读书人"等称号。

“读书人”这个词在中国人的理解中是有独特意义的，并非单指读书上学的学生或者是正在看书的某个人。对于“读书人”，有的人认为读书人就是知识分子，有的人认为读书人是中国古代“仕”的延续。有一次我和陈丹青聊天，他觉得“读书人”这三个字现在被过度消费了，而且也变味了。他说他自己特别不想被称为“读书人”。虽然他这么说，但我觉得他实际上内心还是很看重这三个字的，不然也不会这么在意。

当然，我觉得大家对唐诺的“读书人”的称呼肯定是正面的、褒义的，或者是带有肯定和敬意的。毕竟这么多年来，唐诺一直都在认认真真地读书，这是装不出来的，也没必要装。其实，我觉得唐诺身上有一点“悲壮的味道”，他的各种称谓中，有一个是“最后的读书人”，这是因为他常年以来都在不停止地读书。

在《十三邀》的节目中，唐诺最后谈到的话题是死亡，他讲到扑面而来的时间；讲到晚年、老人；讲到丧失了恋爱能力和性能力，从此迎来人生新的自由；讲到不停地工作，他的工作其实就是不停地读书。看到这段的时候，我是很感动的，因为我忽然想到了契诃夫的《万尼亚舅舅》。在这部剧本的结尾，索尼亚对万尼亚舅舅说：“我们要继续活下去，我们的日子还很长，还要经过很长一串单调的昼夜，我们必须耐心地接受各种考验，我们要为别人一直工作到我们的老年，等到我们的岁月一旦终了，那个时候我们就会休息了，我们就会尝到休息的滋味了。”在看唐诺说这些话的时候，我的感觉是，只要他生存着，他就会一直继续读书。

唐诺是一个很有意思的人，有很多身份。他最早在台湾以写 NBA 球评著称。前些年我去台湾，无论是在诚品书店或二手书店，都能看到《唐诺看球》《唐诺看 NBA》之类的书，都是他当年写篮球球评的结集，算起来也有 30 多年了，打篮球的人都不在了，他的书还在卖，可见喜欢他的球评的人是很多的。

另一件让唐诺出圈的事情，就是他对推理小说的翻译和推广，在华

人世界是影响很大的。他翻译过劳伦斯·布洛克的《每个人都死了》、埃勒里·奎因的《X 的悲剧》，都被新星出版社的《午夜文库》收录。没记错的话，我看到新星出版社出版的唐诺翻译的这两本书时，是我看到的唐诺这个名字第一次在大陆图书上出现。我是一个侦探、推理小说的书迷，看了唐诺翻译的这两本书，很喜欢，印象也很深刻。当时是 2008 年奥运会前后，感觉像是打开了一个推理之门。

作为译者，除了翻译推理小说，唐诺还翻译过很多有意思的书。比如台湾脸谱出版社出版的“演讲录”丛书中，有唐诺翻译的《独立宣言》、马丁·路德·金的《我有一个梦》和《共产党宣言》。

唐诺还有一个身份，是台湾著名作家朱天心的先生，他们的女儿谢海盟是侯孝贤导演的电影《刺客聂隐娘》的编剧之一。朱天心的父亲是在台湾文坛享有盛誉的作家朱西宁，她的姐姐是大才女朱天文。唐诺和天文、天心姐妹在大学的时候就组过“三三集刊”这一著名的文学社团。

我介绍唐诺这个人，不仅仅因为他是一个有意思的人，也是扣着我们今天的主题。从唐诺的身份，大家也能看得出来，他是一个一以贯之地在读书的人，不管是他的家庭，还是他之后一直在做的事情，都是跟阅读推广，尤其是在一些小众领域的推广息息相关的。他不仅是在读书，也一直在践行着读书之后的一个行为：写作。

二、如何评价《阅读的故事》

唐诺在大陆读者中扩大影响力和确立地位，还因为他作为一个写作者写了很多关于书籍和阅读的随笔集，包括大家熟知的《文字的故事》《读者时代》《世间的名字》《尽头》《重读：在咖啡馆遇见 14 个作家》《眼前：漫游在〈左传〉的世界》，以及今年年初出版的新书《声誉》。

这些书里面，我个人最喜欢《阅读的故事》。这本书于 2005 年在台湾出版，获得了当年《亚洲周刊》的“年度十大好书奖”，2010 年，被世纪文景引入大陆。唐诺笔耕非常勤奋，出书也很多，这本《阅读的故事》是我觉得最好的一本。之后虽然也有很多精彩的书，但我总觉得，无论是在写作，还是在情感、结构各方面，《阅读的故事》都是他最好的一部作品。

（一）预知之书

《阅读的故事》首先是一本预知之书。虽然唐诺创作这本书的时间距离现在已经有 16 年了，但是他的眼光是非常有前瞻性的。我们在书中可以看到，唐诺对 16 年前阅读困境的描述和对未来的预判，跟今天的状况仍然非常重合，不愧是推理书的死忠粉，对很多事情都有先见之明。所以到了今天，这本书都不会让读者感觉有代沟，或时间认知上的障碍，或知识上的过时感，对老的读者来说会常读常新。我为了这次分享重读这本书的时候，就跟当年读有很多不一样的感受和新的发现，不愧是经典。

（二）真诚之书

《阅读的故事》是一本真诚之书。说实话，唐诺给我的感觉一直有些絮叨，无论是写东西还是讲话，都很跳跃很发散，喜欢东拉西扯。我这么说不是在讽刺他，相反这是我最喜欢他的地方，因为显得特别真实。唐诺的写作非常跳跃，会东拉西扯到很多别的事情，让你觉得特别像一个老朋友在很投入、很热情、很专注地跟你聊天，在聊天的主题之下，经常会聊到各种各样的事情。我记得唐诺说过，当书写者的悲伤超过读者的时候，通常就会让人读起来觉得很尴尬。我觉得这是他对写作者的一个警告，意思是不能太过火，或者不能太过于自恋，也是他自己在反省，感觉非常真诚。

唐诺是以一个读书人的身份来写这本书的，很多观点、判语都非常自我，但是在我们看来就会看在眼里、体会在心头，感觉他的话，包括一些看法，并不属于他个人，而是属于所有读书人的。

（三）包容之书

《阅读的故事》是一本包容之书。朱天文曾经说唐诺是一个“谦逊的博学者、聆听者和发想者”，他的博学或者博爱在这本书中随处可见。他在这本讲阅读的书中谈到了他的很多爱好，围棋、篮球、电影、音乐、绘画等等。有人说他这么写是串场过多，甚至是在炫耀，我并不认同。之前也说到，看唐诺的文章或书像是在跟一个老朋友聊天，会聊到各种各样的话题，在聊的过程中，他写出很多自己内心的细节、发散性的思绪，让人觉得阅读不仅仅是生活的一部分，就像这本书里，除了阅读，还有很多别的东西。

（四）书评之书

《阅读的故事》是一本书评之书。这本书的结构非常特别，虽然每篇文章都各有主题，但唐诺却用加西亚·马尔克斯的《迷宫中的将军》来贯穿始终、串联全书。也可以说《阅读的故事》不仅是13篇文章组成的一本书，也是对《迷宫中的将军》这本书的一篇长达20万字的书评。

唐诺喜欢的作家有马尔克斯、博尔赫斯、卡尔维诺、本雅明和纳博科夫，尤其是前三位。他的书里无数次地提到他们的名字，也无数次地引用他们的观点或者大段的原话。唐诺曾经说，当别人说得比你更准确，也说出你的心里话的时候，为什么一定要自己再说一遍呢？引用别人的原话又有什么不可以的？所以他的书中有很多引用，而引用最多的就是上述这几位。马尔克斯肯定是唐诺的至爱，《迷宫中的将军》显然也是。不光是这本《阅读的故事》，我们在唐诺的其他书中也经常能看到《迷宫中的将军》，他非常喜爱这本书。

唐诺在写这本《阅读的故事》的时候，《迷宫中的将军》应该还没有在内地出版，或者还没有引起更多读者的关注。他用这本当时不太知名的书作为《阅读的故事》的串联和范例，就是要告诉我们：书应该怎么读、怎么品，也是在呼应“阅读的故事”这个主题。

三、《阅读的故事》讲了什么

下面我们剖析，或者说细品一下《阅读的故事》。我对这本书的13篇文章和3篇附录，做了一个自己的重新分类，分为四个面向或者四个问题。

（一）读书场域的问题

有句话说，读书随处净土。只要有阅读的心，随处都可以读书，但是在真正的读书人心中，读书最主要的场域，享有“读书人的心灵后花园”或“心灵栖息地”这样地位的场域，一个是书房，一个就是书店。

唐诺在书中这样讲书房：“一般而言，我们的书房总在整理与不整理、秩序与随机性凌乱的光谱中间，就像我们人的本性，总有寻求秩序的渴望，却同时对秩序的不耐和不适应，也想挣脱和超越。”

我读到这段话的时候，特别能体会，也非常有同感。因为这些年来，我在书上花的时间，除了读书，就是在整理。在我看来，整理书房跟读书一样，都是一件一直在继续、没有尽头的事情，是一项永远未尽的事业。相信很多人也会有同感，书房总会有“新人”进来，原有的秩序总会被打破，好不容易整理出来的空间或者空隙会立刻被填满。

杨照曾经跟我说过他的进出法则，他书房中的书，如果要进一本，就必须要出一本，这样才能保持他的书房是有空间的。他说，不论是台北还是深圳，每平米的房价比每平米的书价高太多倍了，书房或者书架总是有空间的极限，但是要被摆上书架或者搬进书房的书，却是源源不绝的，所以这是一个非常大的选择性的问题。

但是我觉得这是一个非常困难的选择，且不说价值上的比较，对人来说，还涉及情感。我们在判定书的进出的时候，是有情感上的衡量的。不知道大家有没有这种感觉，自己的每本书都是其来有由的，跟我们之间是有故事或情感维系的，不是说放弃就放弃的。

比如我的这本《阅读的故事》，我是11年前买的，虽然后来也买了新的版本，但是这一本一直都没舍得丢，因为当时读书时候划的线、写的评语心得、做的眉批都历历在目，怎能舍得丢弃。也因此我们书房里的书就会越积越多。唐诺在书中对自己书房的描述也是一样的，相信大家也都会有同样的经历和感受。

关于读书的另外一个场域就是书店，唐诺在书中也提到了很多，三篇附录也是跟书店或者买书相关的，很明显不一定是按照《迷宫中的将军》的体系来写的。

我们现在无论是去实体书店或在网上买书找书，除了为了解惑，另外一种心理，我自己的感觉像是去找朋友，或者是找自己的心理投射点，所以我非常赞同唐诺说的“书并非爱情而是友情”。读书不是一件轰轰烈烈的事，非得搞得远近皆知，它其实是我们要细水长流地持之以恒地去做的一件事情。所以，买书和找书并不是读书的终点，我们买书、找书或者得到书，是为了去读书。我看到过一些人言必谈读书，朋友圈也总在晒书，每年年底的时候还要盘点自己读过多少书，我觉得这有点大可不必。如果一个人所有的生活都是读书的话，这种生活就非常单调，而且非常不真实，这样的生活能长期继续吗？我觉得这是难以为继的事情，因为书毕竟是自己看的，而不是晒给别人看的。

（二）读书态度的问题

关于这个问题，唐诺在书中提到几个比较有代表性的问题，可以反映很多人读书中常见的问题、困惑或迷思，无论你是长期读书的书友，还是刚开始读书的朋友。

1. 为什么书总是读不完

唐诺在书中很不客气地写道：我们缺乏的不是隔段时日就想找本书来读的善念，我们只是一次又一次阵亡于付诸实战的种种困难。这话貌似有点绕，实际上意思很明显，找书买书是一回事，能不能翻开读或者是坚持读下去是另外一回事，而很多人可能一次次地坚持不下来，就放弃了阅读。

毋庸置疑，读书在大多数人的眼里都是一件好事，可是读书的人越来越少也是不争的事实。为什么大家明知读书是好事又不去做呢？我觉得无外乎有两个原因。

第一个原因，读书的成本实在是太高。这个成本不光是费眼用脑，最重要的也包括时间上的成本，以及自身的耐力。说到底，在我看来，读书不是一件投机取巧的事，而是要付出并且要应对各种考验的。现如今，很多人面临的最大考验就是缺乏持续能力，我们已经被手机驯化得精力不集中了，完全碎片化了，而缺乏注意力、注意力不集中或者持续能力不强，都是读书的天敌。

第二个原因，读书的实用性一面，说白了就是图书的信息，在现在是可以被很多其他信息来源所替代的，比如非常有总结归纳性也言简意赅的网络或新媒体的信息。这里我们就涉及一个问题：读书到底是为了什么？大家对这个问题扪心自问的话，读书无外乎为了求知解惑。另外，我觉得读书还有陪伴安慰的功能。但是很多人把读书变成了消遣，现如今，可以给我们带来消遣的事情很多，为什么要选择读书呢？所以，读书很容易被替代了。我觉得这是一个误区，读书的陪伴安慰的功能，实际上是对人的精神上的陪伴和心灵上的抚慰，并不是一个单一的、很轻易的，或者很简单的消遣。

尤其现在，有一些目的性很强的朋友们会觉得，读一本书，我能得到什么呢？要是完全没得到什么的话，就不去读书或者放弃了。而唐诺在书中这样说：可能性，而不是答案，才是阅读真正能给我们带来的最美的礼物。

2. 书读不懂怎么办

唐诺在书中围绕着这个问题有许多探讨，它其实是我们在读书过程中一个很大的拦路虎。有时候是真的遇到了难点，读不懂，但是很多人

在难点真正到来之前就已经提出读不懂，或者拿到某本书的时候，翻了翻或者只看书名就说读不懂，我觉得这都是一种自我设限。

唐诺对这个问题做出了一个回应，这个回应是一个典型的自洽。他说，读书是生活的一部分，读书面对的问题虽然很难，但是你生活中还会面临更大的困难、更大的挑战。读书还好，至少读书不能毁灭什么，不会夺去我们什么，比起现实中的很多困难，付出的代价要小很多。

但是他在16年前的回答已经不能说服现在的人了，比如唐诺提出的徒劳无功的阅读方式，不必非要想得到什么，就是要去看并且付出很多代价。单这一点，就是现在很多人很难接受的，徒劳都已经很难坚持了，更不要说无功了。这是一个比较理想化的解答。

再比如唐诺说，做好长期与阅读中的困惑共存的准备。我觉得这对一个刚开始阅读的人可能有所鼓励或者解释得通，但是并不能作为一个特别好的有说服力的说法。

3. 好书是不是越来越少了

这也是一个常谈的话题，当年我也觉得好书越来越少，现在仔细想来，我觉得这是一个伪命题。我们在生活中越来越多地有这样的表达，比如好电影越来越少、现在的歌越来越不好听，这种说法特别多，今夕不如往日、世风日下、人心不古等等。我觉得说出这种话的人，自己的阅读或者对别的事物的欣赏口味、标准可能已经固化了，很难接受新生事物或者新鲜的尝试，尤其是对新人新作有所偏见。现在依然有人动不动就说现在年轻人不靠谱、一代不如一代等等，客观地来看，我觉得这些都是伪命题，或者是不具有意义的表达。

我也不是说一代更比一代强，但是确实每一代都有每一代的标准或趋势。经典的东西依然在那里，但是新的东西、新的书、新的电影、新的音乐，优秀的，各种风格的，也都会一浪一浪地不停涌来，对新的东西抱着不拒绝，或者尝试的心态，总会有一些特别好的回报，而不是给自己找借口，固步自封地自我设限。无论是阅读还是我们的人生，很多时候我们经常会先自我设限，这个自我设限对我们来说其实是一个非常大的麻烦。

4. 阅读始于第二本书

说完读书的困惑、难题和迷思之后，我想跟大家谈一个我觉得非常有意思的概念，就是书中说的“第一本书”的概念。

唐诺很喜欢的作家格雷厄姆·格林说，一个人日后成为怎么样一种人，端看他父亲书架上放着哪几本书来决定。我觉得这有点类似于阅读“出身论”的感觉，我个人非常不认同。且不说别人，就说我们自己，我是“70后”，我们这代人有多少人是出自书香门第？家里书架上有几十、上百本书已经算是非常好了，我们这代人绝大多数从一开始就面临着阅读的荒芜。我家的存书真的不多，除了毛选、毛泽东诗词、反杜林论外，我记得还有鲁迅的几本杂文、《两地书》、《水浒传》，以及一套1979年百花文艺版的《四世同堂》的残本，能看的书也就是这些。大多数人的阅读其实都是先从家里的存书开始的，可能来自父母，也可能来自兄长姐姐亲戚邻里街坊同学，是一个社会谱系的图书之间的互相供给，所以虽然当时的图书不多，但是转动起来也还是有书可看的。当然比起现在图书市场的巨大繁荣来说，当时是非常贫瘠和荒芜的。

所以唐诺说的“第一本书”，我的理解就是最早开始阅读、现有条件具备的时候可以拿到的第一本书。唐诺说，寻找第一本书是意志的宣达，而寻找第二本书才是阅读的开始。当我们阅读完第一本书，有了寻找第二本书的自我意识的时候，才是阅读的开始。所以，我看了唐诺分享自己的读书经验、经历后，来回想自己，感觉还是蛮有意思的，大家也可以回想一下自己最初阅读的开始。

我分享一个感受，尤其像我现在人到中年，最喜欢、更愿意为之付出时间去从事的，比如阅读或者聆听音乐，都受到我们最早接触的书、音乐或者电影的影响，最初的第一本书、第二本书对我们影响是非常强烈和巨大的。如果回忆自己的阅读史，可能会找到一些我们为什么成为今天的自己的蛛丝马迹。

（三）读书方法的问题

因为我一直在从事图书相关的工作，经常有人让我推荐书目。其实我真的最怕碰到这种问题，因为我真的不知道怎么回答。因为我不知道你的阅读方式、阅读诉求和阅读经验是怎样的，这就很难回答。也经常有人会来问我所谓的读书之法，比如说怎么能很快地读完一本书、吸收书中的精髓等等。

唐诺在书中专门辟出一节来讲自己的读书方法。虽然他已经是一个非常会读书的读书人了，但是他还非常喜欢收集别人写的关于阅读的书，看看别人的阅读方法。但实际上他自己也说，并没有哪本书给出了明确的阅读方法。我也是碰到讲阅读的书就想看或者买回家，看来看去确实有很多收获和共鸣，也发现了很多关于书的新的脉络谱系，但是并没有很好的读书方法。所以说阅读是非常个人的，它很本能性，你是什么人、你有什么目的、你有什么习惯，很难找到一个跟你完全相似的人，所以也很难找到一种模式化、范式化的读书方法。唐诺交不出来，博尔赫斯交不出来，我肯定也不可能交给大家最好的读书方法。

但是读书的技巧倒是有的，比如说，唐诺说他自己是多线发展的阅读方式，我自己也是这样，除非目的性很强地读某本书，在没有工作压力或者没有目的性地阅读的时候，我通常是找到一个主题，选几本书，齐头并进地进行多线阅读；或者当一本书与另外一本书有延伸性的时候，我就会停掉手中正在读的这本书，进入下一本，先去延伸某一个路径，可能以后再回来继续读这本书。

唐诺说："下本书就藏在你此时此刻正在阅读的这本书里。"我非常认同这个说法。我们从这本书读到下一本书，是一个非常自然和顺滑的过程。我们具备了这种延展、向下寻找或者往外蔓延的能力以后，就会发现阅读是一件非常有趣的事情，它不仅仅是一个人和一个作者、一个人和一本书之间的关系，它是一个人在知识的大海里浸泡和畅游，是一件其乐无穷的事情。

（四）读书时间的问题

读书时间是现在阅读面临的最大、也是最关键的问题，所以我把它放到最后来讲。我把读书时间分为横向的读书时间和纵向的读书时间。

1. 横向的读书时间

横向的读书时间很简单，实际上就是为了争夺时间。我们现在生活在一个争夺时间和眼球的时代，在阅读的同时，还有很多事情可以做，我们的时间实际上是需要分配的，这个时候怎样把时间聚焦在我们手里的这本书上是很重要的。我们曾经面临的一个难题是没书读或者少书读，是书本身的荒芜。现在则很容易以忙为借口不读书，如果我们不战胜这件事情的话，就没办法为读书赢来它所最需要的时间，这说到底是一个价值衡量的问题。

如果读书是你的真爱，又怎能会被门槛所阻碍呢？如果你觉得总有比读书更重要的事情，读书就永远处在一个被不断让渡、不断被别的事情加塞的地位，它在你的时间表里永远会被排在最后，或者不停地往中间插入别的事情，这就会越来越没有时间读书。其实还是因为大家认为读书的价值下降了，或者读书没那么重要，更不是必要的，在时间的争夺上，大家牺牲了读书。

2. 纵向的读书时间

在纵向的读书时间上，唐诺在书中有两个专门的篇章，正好可以把纵向的时间轴填满。这两篇文章，一篇是围绕着童年的阅读，一篇是围绕着 40 岁以后的阅读。童年的阅读可以外延出青少年时期的阅读，而 40 岁以后的阅读实际上是成年以后的阅读。这样一个纵向的时间轴也串联起一个人的阅读史。

童年的阅读是很被动的，前面也讲到父母的书架会影响我们最初的阅读，当我们没有形成固定的看法和价值观的时候，这时的阅读就很容易受别人影响，但我觉得这种影响也是很好的。现在的社会中，大家都认为读书是件好事，图书市场也是非常繁荣的，但是读书的人越来越少也是一个不争的事实。在我们这个社会里，我个人觉得最好的读者实际上就是学生，尤其是小学生和初中生，因为他们有足够多的时间，而且读书就是他们的任务。我们作为父母，自己当年曾面临过图书的荒芜，现在知道了读书的重要性，经济条件也具备，就会给孩子提供很多书，但是孩子们的读书时间实际上也是面临争夺的。现在的孩子有太多东西来塞满他们的时间了，所以我们怎么为他们争夺一点读书的时间，实际上比给他们买多少书是更有价值的。

这一点我是深有感触的，我女儿现在就是一个初中生。曾经有人说给孩子营造一个很好的读书氛围，让他们在家里随手都能拿到书，这就给了孩子一个心理暗示，生活在书的世界中，慢慢就会培养起阅读的习惯。但我觉得这些都是纸上谈兵。现实中，家里的书再多，但是孩子没有读书的时间，因为作业太多了，还有各种各样的补课或者其他。就算把孩子放在一个书的海洋里，放在一个图书馆里，孩子依然没有办法读书。所以最重要的还是读书时间。

最后是 40 岁以后的阅读，这是唐诺十几年前写这本书时内心的一个写照，自己的夫子之道。我们知道，人过了 40 岁以后，身体器官的功能开始下降，最重要的就是眼睛，近视眼或老花眼，但它们其实都不是读书的勋章。真的像博尔赫斯一样，因为看书太多而得眼疾，最后眼盲吗？实际上我们消耗自己眼睛的事情也还是蛮多的。其实随着年龄的增长，身体会发出信号告诉我们已经到了一个人生阶段了。我的感觉是，人生中很多事情会随着身体或者年龄的变化而改变，读书也同样。

举个例子，以前关于健康、疾病的书，我是根本不会看的，但是现在我会花时间去看关于身体的、死亡的书籍；另外，一些人物的传记、回忆录，也会慢慢地看一些；对关于亲情、父母、亲人离别的书籍也会非常感兴趣。所以，年龄对我们的阅读会有很大的影响。年轻的时候会为历史而担忧，会为古人而发愁，会为整个世界付出很多心力。现在，可能我太太说了一个人身体安全的隐患，我就会很关注，会去找书看；

我女儿说了一个年轻人感兴趣的事，或者哪怕一个漫画家，我也会去找来看。所以现在读书的关注点真的是发生改变了。

唐诺在《阅读的故事》里说到40岁以后的阅读反而是最为舒适的，他说以前的阅读都是一种自下而上不平等的角度，当你岁数越来越大的时候，就跟书变成平等对话了。这是他自己的一个写法，实际上我也确实感觉到读书的节奏发生了变化，读书的内容也变得多样和生动起来了，目的性不是那么强了，很多时候是为了兴趣而阅读。但是有了这种自由感以后，忽然之间也多了紧迫感，因为时间越来越少，时间的追逐感越来越强。当时间越来越少，而还有那么多书没有读的时候，我就会有一种巨大的紧迫感和危机意识。唐诺也提到了一些很细腻的看法，其中最关键的就是时间太少，想读的太多，经常会看着自己的书架发愁，有一种无奈感。

金克木先生有本书，书名就叫《书读完了》，我觉得老先生当时起这个名字，也并不是说书真的读完了，而是面临着时间的飞逝、生命的匆促，还有那么多值得珍惜的事情没有开始，这时又牵扯到一个抉择，人到中年以后，时间少任务重，以有涯的阅读之生面临无涯的阅读之海，该怎么办？付出了很多心力在某一类型的书籍上面以后，一旦选择错误该如何是好？读书会影响到一个人的价值观和人生观。很多人的性格在40岁以后会发生很大的变化，跟自己的阅读视野也有很大的关系，大家仔细观察身边的人或者扪心自问就能感觉到。这个时候真的要谨慎，对我们要付出巨大时间代价的阅读方向，一定要进行审慎地选择。

其实，读书对一些人来说是无用的，是可以随时终止和替代的；但对另外一些人而言，读书是有重大意义的。就像唐诺所说，我们每个人都是由经验、资讯、读过的书籍、想象出来的事物所组合而成的，每个人的生命都是一部百科全书或者是一座图书馆、一张清单、一系列的文本组成，当阅读单纯成为一种习惯，我觉得最好的阅读就是博尔赫斯说的享受。

当阅读单纯地成为我们生活的一部分，成为我们的一个习惯的时候，就会是一个享受。说到底，读书终究是一桩好事。

四、读书人的自洽

分享的最后，我想回归一下今天的主题：读书人的自洽。

自洽，从字面上的理解，有一种自我合理化、自我正确化的意味。一个人的自洽，其实通常是面临挑战或不确定性，或者面临客观现实中难以改变的问题堆积时采用的心理应对的方法。

其实不管是唐诺，还是我自己，在读书的过程中，当然有很多自得、很多乐趣，不然的话也不可能继续下去，但是困难和难题也很多，而且会越来越多，尤其面临着今时今日的读书环境、整个客观条件的挑战、读书时间的分配、自我投入和耐力到底有多强，这个难题会越来越大。如果我们还认为读书是好的，是我们要坚持下去的一件事的话，我们要努力地改变客观条件，但是能改变的也确实是有限的，这个时候更多的是要自洽。

我们以前说到自洽的时候，总是觉得这个词带有一点贬义，不能说精神胜利法，但更多的时候其实是在自我合理化和自我正确化。我现在要说的是，我们在应对这些客观挑战和难题的时候，必须要有一些自洽的能力和理由。我们解决不了这些问题，但是我们要长期地跟这些问题共存相处下去。这有点像我们对待新冠肺炎疫情的态度，现在没办法把它消灭掉，也没办法终止它，只能通过自己不断地变换应对的方式，提高疫苗的功效或者提高自身的免疫力，去跟它共存。

回归到今天的主题，读书就是我们的生活，读书像命运一样，它面临的很多事情也是我们自身、我们的人生要面临的，这个时候，既然问题这么多，我们就自洽、就乐观地面对吧。

主持人： 请您用简短的语言概括一下，您认为“阅读”是什么？

刘忆斯： 我对阅读最大的感觉就是，阅读是一种习惯，是生活的一部分。以前有人问过我同样的问题，我说阅读就是一个生活方式，现在仔细想一想，这样的回答过于抽象化了，其实阅读就是生活。我想用书中唐诺的一段话来诠释：“阅读就是像呼吸一样，自在自然，随时带本书在身上，有空就看看读读，临睡前用它来召唤，对现代人而言，越来越难得地安然入眠，最好能做到每天不看书就跟没洗澡没刷牙一样不对劲。”

我觉得这就是他对“读书就是生活、读书就是自己的本能”所作出的最好的诠释。

刘忆斯“阅读”主题私享书单

《八百万零一种死法》

唐诺　著

上海人民出版社　2014年版

唐诺是一位推理小说的译者和推广者，他在推广推理小说方面是不遗余力的。除了阅读以外，他也翻译了很多小说，写过两本《唐诺推理小说导读选》，后来这两本书都被文景引入大陆，变成了一本，改了一个非常布洛克的名字：《八百万零一种死法》（劳伦斯·布洛克有本书叫《八百万种死法》）。这本书对很多经典推理作家，劳伦斯·布洛克、铁依、席勒曼等的作品进行了解读，尤其是对劳伦斯·布洛克的作品进行了全方位的解读和介绍。对我而言真的是打开了劳伦斯·布洛克的这道门。

《资本主义浩劫时聆听马克思》

杨照 著

中信出版集团 2015 年版

我最早读这本书时，它的名字叫《在资本主义带来浩劫时聆听马克思》。当时杨照还写了另外两本书，《还原演化论：重读达尔文物种起源》和《颓废、压抑与升华——解析〈梦的解析〉》。从书名就能看出，这三本书针对达尔文的《物种起源》、弗洛伊德的《梦的解析》和马克思的《资本论》进行诠释和进一步解读。后来，中信出版社把杨照的这三部曲引进大陆，出版了“人学三部曲”（另两部大陆版书名分别为：《小猎犬号上追随达尔文》《午夜十字路口梦见弗洛伊德》）。从这三本经典可以看出杨照对马克思、达尔文和弗洛伊德的重视程度，这三个人是改变了我们对人与人的关系、人与自然的关系和人与自我的关系的认知的三个伟大的作者。

《读书毁了我》

王强 著

上海人民出版社 2018 年版

这本书是王强先生的读书随笔集，是书界公认的书画经典作品。最早的版本叫《书之爱》，后来书名改成了《读书毁了我》。

王强最早是新东方的创始人之一，后来转做投资，他的另外一个身份是藏书家。在我看来，他是中国目前最重要的两个藏书家之一。他的收藏方向是西方书籍，主要是英文书籍的收藏，差不多已经达到世界级收藏家的水平了。《读书毁了我》这本书里有他读书、买书的点滴，也有他收藏书籍的心得，是很有意思的。

《失书记》《得书记》

韦力 著
广西师范大学出版社
2015年版

前面提到，我认为我国最重要的两位图书收藏家，王强先生专注西书收藏，韦力先生的方向是中国的古籍善本。韦力先生的收藏达到了明清时代图书收藏家的水准，这意味着在21世纪的今天，他的收藏可以补充和媲美国家图书馆的收藏。

《失书记》讲的是40个失去古书收藏的故事；《得书记》讲的是25个获得古书收藏的故事。两本书是在“失”和“得”之间来写的，实际上就是在对书籍的寻找过程中的事情和心路历程。

《别想摆脱书》

〔法〕让-菲利普·德·托纳克 编 吴雅凌 译
广西师范大学出版社 2021年版

我们不仅要积极地争取读书，也要有一种别想摆脱书的看法。这本书是已故意大利百科全书式全知型学者、作家翁贝托·艾柯和法国符号学学者、电影导演卡里埃尔的对话，书中谈到了特别多的主题，包括纸本书面对网络时代的来临该怎么办？如何运用记忆？图书馆怎么分配书？什么书才称得上经典书？书出太多了怎么办？

跟唐诺的这本《阅读的故事》在主题上有点类似，但因为它是两个人的对话，就有了思想的碰撞、弥补，以及互相之间知识上的弥补，观点非常明确，知识性很强，也有很多结论和观点。唐诺的《阅读的故事》更多的是自语、夫子之道，更像是他自己跟自己的对话，也像唐诺跟我们之间的聊天。两本书形式上不太一样，但是话题还是蛮一致的。这本书跟《阅读的故事》差不多同时出版，2021年理想国又出了这本书的新版本，很精美，喜欢的可以买来收藏。

书与你

阅读之道的12堂课

《为什么读经典》

［意大利］伊塔洛·卡尔维诺 著

黄灿然 李桂蜜 译 译林出版社 2012年版

伊塔洛·卡尔维诺（Italo Calvino）（1923~1985）

意大利当代作家，1923年出生于古巴哈瓦那，后随父母移居意大利。毕业于都灵大学文学系。主要作品有『我们的祖先』三部曲：《两半的子爵》《树上的男爵》《不存在的骑士》，以及《命运交叉的城堡》《看不见的城市》《意大利童话》等。卡尔维诺的作品以独到的精美构思、深刻隽永的思维方式，对现代小说艺术产生了巨大的影响，在世界文学史上具有先锋意义。他一生都在小说创作方面不断地超越自我，反映了时代，更超越了时代，直到生命的终结。1985年，卡尔维诺虽因突患脑溢血在滨海别墅猝然离世，而与当年的诺贝尔文学奖失之交臂，但他与博尔赫斯一起享受着『作家们的作家』的美誉。

卡尔维诺的《为什么读经典》，让人看到一个作家的文学视野可以这样开阔，而他的小说叙述既保持了说书人的腔调，又同时有哲学头脑，能够把游戏、数学、诗歌、哲学结合一起，又不那么满、那么实，还能留出空间让阅读者参与进去，卡尔维诺的书证明了写作的各种可能性，他的书值得反复阅读。

——莫言

《为什么读经典》应该是我们这个时代文学教育和自我教育的一个基本读物。你不一定看了这样的文章一定找这个作品来看，仅仅是看这个文章就让我们感觉到原来这样一部作品在卡尔维诺的眼中，可以有如此丰富的层次，有如此丰富的角度，而这些都是我们在平时的阅读中，阅读其他作品中永远不会想到的，永远不会感到世界可以从这样的角度进入。

——李敬泽

本书除《为什么读经典》一文外，其他35篇文章大多数写于20世纪七八十年代，谈论了那些在不同程度上并由于各种不同原因而对卡尔维诺有重要意义，或是激起他的钦佩的作家及其作品，是一本进入经典世界最好的入门书。卡尔维诺向读者开放了他不拘一格、兼容并蓄的秘密书架，娓娓道来他的理想藏书。凭着热忱和智慧，卡尔维诺让文学作品在读者面前呈现千姿百态的魅力。文中没有学院术语和新闻报道的油嘴滑舌，博学而非炫学，充满了对文学真正的热情。该书自出版以来，打动了世界上成千上万的读者。

分享嘉宾

蔡　辉

资深媒体人　书评人

原《北京晨报》副刊部主任

读经典，与有趣的灵魂对话

——如何构建自己的精神走廊

今天跟大家聊一聊卡尔维诺的《为什么读经典》。

喜欢读小说的读者知道，卡尔维诺的作品都很短，他的长篇小说按一般标准（按英美文学标准，5 万字以下为散文，5 万字以上为小说。为区分长篇小说和短篇小说，国内将 12 万字以上视为长篇小说。中篇小说目前没有公认的标准，许多国家不认可有中篇小说），可能只能算中篇，他的短篇小说也就几百字，有时才五六百字。很遗憾，他去世比较早，不然，应该是一位能获得诺贝尔文学奖的作家。

这本书是一本书评集，由 30 多篇文章组成。坦率说，其中有很多篇我也读不懂，因为书中提到的一些作品还没有中文版。没看过作品，看书评就会遇到问题。

那么，为什么还要读这本书？

一、人为什么要读经典

我想从这次分享的标题说起：读经典，与有趣的灵魂对话——如何构建自己的精神走廊。这是我读这本书的感受。

每个人在一生中，都会读很多书，我读网络小说，也读类型小说，比如金庸、琼瑶的书，我也都读过，它们和经典之作有什么区别？为什么非要读老托（列夫·托尔斯泰）、老陀（陀思妥耶夫斯基）？为什么非要读《红楼梦》？很多人觉得他们的书和今天生活已脱节，那么，再读这些书的意义何在？

卡尔维诺这本书给我一个很深的感受——实际上，读很多书没有用，尤其作家写的书评，可看可不看，因为没有严格的方法论，很多属于直观感受，有的读得懂，有的读不懂，有的有共鸣，有的没有。比如李白的诗，豪迈、雄壮，但李白写诗时，可能没那么想，所谓豪迈、大气，都是后人读出来的——后人读和前人写，想法不一定一样。所以，我们把主观感受套到作品上，不一定对。

从根本上说，经典文学是公众不断误读的产物。想用文学作品去还原创作时的心态，是很困难的事。那么，我们为什么还要读它？很多人说这些作品是永恒的、不朽的，对此我不太以为然——总有一天，人类也会灭亡，宇宙也会消失，没有什么是真正永恒的。与其说读经典是为了和永恒对话，不如说，读经典是为了和有趣的灵魂对话。

毕竟，在现实生活中，找不到这么多有趣的灵魂，我们读书，是为了走进一个和现实生活不一样的空间，即所谓的“阅读共和国”——你爱上一本小说，而另一个人，他可能在法国、德国或者印度，也爱上这本小说。在这个世界上，你的身体和邻居靠近，但是你的灵魂，更靠近印度那位和你一起爱上这本小说的人。

我们在现实中，没那么多机会接触到与灵魂有共鸣的人，所以读经典，并不是它必须读，它是正确的，或者说它能教给我们什么，而是因为，当自我觉醒后，都会有孤独感，都需要找到能跟自己对话的有趣的灵魂。

现代人成长过程彼此相似，小学、幼儿园、中学、大学、工作……构成了一个人的精神长廊，但很遗憾，现代教育不是不好，可它让所有人的精神长廊非常一致，除了这条路，没有别的路可走。比如课本中收录了鲁迅的某句话，大家全知道，课本没收录，就都不知道。我们基本上走在一条公共的精神长廊里，而不是个人的精神长廊里。谈到私人感受时，就会发现，我们彼此甚至连偏执都是一致的，因为课本里收录了这样的观点，大家便认为它是对的。我们都被不自觉地格式化了。

人生会有各种挫折、困难，可在解决问题时，我们往往在用公共的解决方案。别人说你脆弱，你就会觉得自己确实太脆弱了，为什么不能跟别人一样呢？然后去读励志的书、“打鸡血”的书。在这条公共的精神长廊中，一方面可能形成集体的偏执，另一方面可能导致自我的消失，自己却不知道。

所以，当一个人想建立自我的精神长廊时，需要通过朋友的帮助，或者老师、父母的指点，如果这些因素都不存在，那么，阅读经典就很重要。

二、阅读就是读经典

我们需要重新定义一下阅读。

现在也有一些书很实用，比如前两天我还收到一本关于如何不让自己脱发的书，我确实也遭遇了脱发的烦恼，但我仍然觉得，这本书不适合我阅读。我读完了有什么用呢？如果人类已经解决了这个问题，我就直接去医院，找专业人员来解决就好，如果解决不了，看本书对我也没有什么意义。

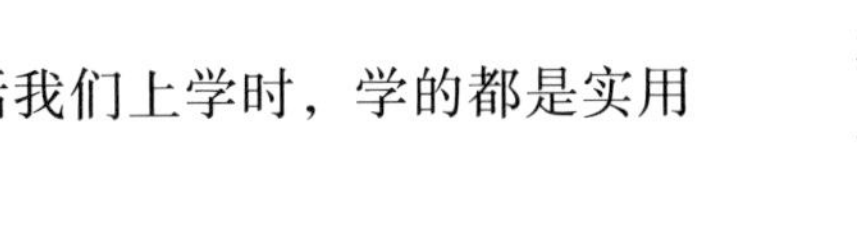

在现实生活中，有大量实用的书，包括我们上学时，学的都是实用知识，这能不能叫阅读？

极端地说，我认为这不叫阅读，我的这个观点，可能会让很多人不满意。我多次说，休闲阅读就不是阅读，每次都让大家不满意。但我确实觉得，一个人只有通过经典阅读，经历过那种震撼、迷惘、困惑、厌倦、痛苦……从不懂到懂、从茫然到稍微有一点明白，只有走过这个过程，才叫阅读。

这种阅读让你觉得自己什么都不懂，让你想放弃，让你觉得很痛苦，然后你千方百计想明白它在说什么，这个过程非常重要，有这个过程，才可能慢慢明白，经典究竟想告诉你什么。

我上大学一年级时，就遇到过这样的困扰，看不懂，我就抄，整整抄了半年，慢慢才懂书里在说什么，然后才明白原来其中包含着一套思想方法，理解了这套思想方法，就能慢慢读懂，就能从阅读中获得营养。

一度我也非常矛盾，因为不同的思想方法之间有冲突。比如我曾认为这是不言自明的道理，可经典却告诉我是错的，这该怎么办？这是现代教育的问题，它通过灌输和考试，不鼓励学生从理性和自我的角度去思考问题，而是从一些概念和不可让渡的原则出发，去思考问题。当这些原则太多时，个体就没有选择了，往往只能从情感，或者从直觉等角度出发去思考问题，这样形成的精神走廊太单调，会越来越乏味。

阅读就解决了这个问题，让我们突破“信息茧房”（指人们关注的信息领域会习惯性地被自己的兴趣引导，从而将自己囚禁在像蚕茧一般的“茧房”中）的束缚，找到一个高于自己，或者有别于自己的精神坐标，让一个人的精神不断丰富。

卡尔维诺这本书给我最深的感受是：它没有一套很严谨的逻辑，更多是从个人经验和体会出发去评论，但把卡尔维诺看的这些书的体验串联起来，我们就会发现，作为读者，自己的认识有所提升。

三、什么是经典

在本书前言中，卡尔维诺提出了判断经典的 14 个准则。这些准则其实大家都能理解，只是用西方语言来阐述，看起来有点啰嗦。

简单点说，第一个准则是重读，能重读的就是经典。按卡尔维诺在书中的说法，“经典是那些你经常听人家说‘我正在重读’，而不是‘我正在读’的书”。只要能重读，那肯定是好书。

第二，卡尔维诺说：“经典作品是这样一些书，它们对读过并喜爱他们的人构成一种宝贵的经验；但是对那些保留这个机会，等到享受它们的最佳状态来临时才阅读它们的人，它们也仍然是一种丰富的经验。”

这句话很别扭。换简单说法，意思大概是：经典就是讲经验的书，而不是讲方法的书。

就像刚才我举的例子，如何防止脱发的书，也不能说不好，但它是方法，不是经验。我上学时，成绩怎么也提不上去，老师家长怎么说都不行，自己也想了很多方法，突然有一天就突破了，并不是我找到了什么好的学习方法，而是经验积累足够了，也就过关了。在很多时候，什么是对的不重要，重要的是怎么用对。经典就提供这样一种经验，当然，经典讲的是人生的经验，不是具体的办事经验，经典是能内化的经验。

下面几条，我都用我自己的话来说吧。

第三，经典是能进入集体无意识，成为深层记忆。比如说正义，什么叫正义？我们要仔细去说的话，很难说清楚。有时正义是人人都能感受到的，有时又不是，每个人身上既有正义的一面，也有非正义的一面。当我们说到正义，实际上往往源于我们的阅读经验，唤醒了我们通过经典阅读形成的那些理解。

当然，有可能是通过正规教育获得的，也可能是父母教育的，但追溯到最后，一定来自某个经典。就像《论语》，真正看过《论语》的古人并不多，那时识字率只有 5%，最多 10%，但老百姓也会说做事要讲天理良心、抬头三尺有神明等等，符合儒家思想。这些并不是自己参悟出来的，还是来自大经大典，听父辈或老师讲过后，慢慢融入自己的人生经验，大家都这么想，便成了规范。到后来，人们已不再去反思这个原则对不对，而是把它当成一个行为方式，几乎成为一种本能，成为集体无意识。这其实就是经典的作用。

第四，重温和初读时一样，永远有新意。20 岁、30 岁或 40 岁读《红楼梦》，每次感觉都不一样，经典可以不断重读，你以为读完了，其实没有，永远可以再往下读。

第五，经典是文化的足迹，这个也比较难懂。

什么叫文化？我们知道，人在两三岁时和猩猩没太大区别，大脑也没太大的区别，但猩猩是自然进化，人是对抗性进化——人类可以设想更好的自己，通过竞争去实现。上学时，每个人都希望成绩最好，猩猩就不会这么想，它不知道为什么会进化，因为它没有文化能力。文化一定需要在大一点的群体中形成，十几只猩猩一起溜达，形成不了什么文化。人类在社会化后，形成了一个大的文化，在这个文化中，每个人都想崭露头角、受到关注，这种“对抗性进化”极大地改变了人类命运。

我们在学校里只讲自然进化，事实上，对抗性进化是人类和其他生物的最大区别。甚至可以说，自然进化做到 10，对抗性进化做到了 90。如何才能形成文化？如何才能实现对抗性进化？经典著作很重要。没有经典著作，我们不可能把文化成果固化下来。

第六，经典就是不断让人批评它。

越经典的东西，越容易引起读者的批评，如果不能吸引批评，它就不叫经典了。但是很遗憾，我们的语文教学往往是教我们怎么去肯定，这很危险，正好把大部分人排除在经典阅读之外了。比如李白的诗好不好？我们也不能说它不好，但如果我们连批判它都做不到，连它不好的地方都看不出来，那么，也就无法看出它好的地方，只能背诵前人评价。这种阅读，看完了也没用，读的都是“死美人”，跟自己没关系。

第七，经典就是看一眼，就能明白它在经典系谱中的地位。

这个用词也不太好理解。举个例子来说吧，比如李白的诗，高中生、大学生都读过，再看到别人的诗，会本能地与它对照，这就形成一个系谱。读到陆游的诗，本能地会跟李白的诗比较，跟明清的诗比较，从而明白这些诗在整个诗歌史中的地位。所以，经典就是能把碎片化的知识、凌乱的阅读，串联起来、形成系谱的作品。

第八，经典就是把噪音变成音乐的书。

我们觉得世界不好，因为它没有秩序化，一块石头的成分可能跟电脑一样，但我们不能说石头就是电脑。因为石头没有秩序化，秩序化比它本身的成分更重要。没有秩序化的信息，我们就称之为噪音。比如一间房子，房子里边的水泥砖块石头，这些统统都是来自自然界，我们只是通过编码的手段把它变成有序的，在书中，卡尔维诺把这个编码过程形容为音乐。

编码比原材料更重要。一个东西的本质是什么？很大程度上可能就是编码原则。说远点，哲学上有个“忒修斯之船”的悖论，我们不断更换一艘船上的木板，直到所有的木板都换了，那么，它是新船，还是旧船呢？原来那艘船去哪儿了？实际上只要编码原则没有变，船依然是原来的那艘船。

经典就是一套编码原则，可以对我们的思维进行重新的改编。比如托尔斯泰的书好在哪儿？因为后来的好多小说都在用它的原则，《青春之歌》就模仿了托尔斯泰，模仿《百年孤独》的书就更多了，《百年孤独》刚进入大陆时，几乎所有作家都在学习模仿它。这也没什么，模仿是原创的开始。通过模仿，来掌握那套编码原则。

四、卡尔维诺是怎么读经典的

除了前言之外，本书剩下的部分，对读者有一定难度，我读起来也

挺吃力，因为他阅读的是西方经典，有些书还没译成中文。

（一）卡尔维诺如何读《奥德赛》

奥德赛的故事，我相信许多中国读者读过，中学也讲过，我们中国人一般会觉得，奥德赛是个大英雄，到处去打龙，最后回了家。我也看过全本故事，没看出新意，觉得跟中学老师讲得差不多。

卡尔维诺就看得比较有意思，他说这里边包含了失忆和记忆的故事。

在《奥德赛》中，有大量失忆的情节，比如塞壬女妖等，都试图让人丧失记忆，在快乐中死掉。《奥德赛》中主角奥德修斯是一个很狡猾的人，他用木马计攻破了伊利亚特，在10年漂泊中，他始终保持着他的记忆，《奥德赛》实际上是写一个人和失忆之间的艰苦对抗。一个人如果没有记忆的话，就不会形成未来，则世界就成了平面的，合久必分，分久必合，大家的一辈子就这么过去了。为什么人类要捍卫记忆？就是为了获取未来感，就是为了保持希望，就是为了能不断前行。

在《奥德赛》中，有好几章讲打龙打鬼打神，和现实没有联系，体现了那时人们的思维——除现实之外，还有一个神鬼世界，英雄可以不断跨越两个世界，但关键在于，一个人不应丧失他的记忆。

卡尔维诺从这个角度去看《奥德赛》，让我也吃了一惊，这不就是个英雄故事吗？但也对，我们读英雄故事，不只是为了感动，从他的身上学到点儿什么，或者去模仿他，我们还可以有自己的领悟。

卡尔维诺这篇文章写得比较驳杂，涉及好几个话题，但“捍卫记忆”这个议题给我印象最深。其实文中一些考证不准确，比如《奥德赛》故事不完全源于古希腊神话，还有很多来自西亚神话，这说明卡尔维诺不太了解神话学、比较神话学的方法。卡尔维诺是作为一个作家去感悟《奥德赛》的，这个感悟依然有趣。因为一旦进入神话学，那就是专业研究了，普通读者也就没必要去看了。卡尔维诺通过自己的认知，给我们带来一个重新理解《奥德赛》的机会。

（二）卡尔维诺如何读《长征记》

再如他讲色诺芬的《长征记》，这本书我也读过，觉得很枯燥，因为很多地名、人名我不知道，讲的故事对中国人来说，也没什么意思，不就是派了一支一万多人的部队，被人围追堵截，最后跑回来了嘛！这本书完全是客观陈述，几乎不加评论，看上去干巴巴的。

我们觉得这本书不是太好看，卡尔维诺却发现，那个时代的记述都是半人半神，把这个世界神化了，这时突然有个作家非常冷静、理性、客观地去写事，这是一个标志性事件。

色诺夫是古希腊人，古希腊几乎所有作品都掺杂着神话因素，即使不写神话，作者的主体性也很强，动辄就是道德批判。卡尔维诺认为，色诺芬这种客观陈述，包含了不同的道德理解。

道德理解各不相同，一般是通过神秘体验、父母教育、周边人暗示等，形成道德感，很少人会反思，自己为什么会形成这种道德立场？为什么这么看问题？

色诺夫完全不同，他相信一切道德源于客观，是具体博弈而来。

再打一个简单比方，9·11时，从电视上看到有人从楼上跳下来，作为观众你非常动情，但邻居找你帮忙，却懒得答应，这就是一个很有意思的道德悖论——对一个几千里之外、不知好坏的人付出共情和帮助邻居，哪个更符合道德呢？为什么我们会同情远方的陌生人，而不是投入眼前的道德实践？

在人类的行为中，有大量类似的道德悖论。所以在道德评论之前，我们往往忽略事实是什么，这正是《长征记》的宝贵之处。虽然色诺芬是几千年前的人，他却意识到了这个问题。卡尔维诺能从《长征记》中看出这一点，完全出乎我的意料。

（三）卡尔维诺如何读《自然史》

在书中，卡尔维诺还谈到了老普林尼的《自然史》（过去译成《博物志》），《自然史》共十卷，基本没译成中文。

我们过去没有博物的概念，但东西方都有漫长的博物传统。什么叫博物？我们现在学的是科学，古人强调博物，就是充分观察自然，对它进行分类，并形成一套知识系统。比如把动物分成毛、羽、介、鳞，其实没科学依据，是观察中的总结。

比如李时珍的《本草纲目》，也是博物学著作，如果说它是科学著作，那是不对的，里边有好多错误的记录。李时珍把过去的资料和听到的内容整合在一起，目的并不是为了治病，而是为了当我们想了解一个知识时，能知道它的源头、传承和根据。这是一个知识整理的工作。

在前科学时代，人类的知识都靠博物学来整理，体现在现代教育中，就是西方一些国家，小学前三年不怎么讲知识，就是告诉孩子怎么观察、怎么记录、怎么整理，培养孩子对知识的兴趣、热爱、专注和动手能力等。

我们国家则是背书、多识字，这是经学教育传统，大量记忆、背诵经典，但自己的兴趣在哪？不知道。中国历史上有辉煌的博物学传统，到近代就基本中断了。

我没看过老普林尼这本书，但书中记载有点像中国的《山海经》，《山海经》把很多奇怪的动物、植物当成真的记录下来，说明东西方都有博物学传统。

老普林尼的《自然史》也记录了一些怪物，不评论，认为它们是真实存在的。博物学有一个缺点，就是相信越古老的记载越准确。老普林尼也有这个特点，什么事都找古希腊的记载。老普林尼是古罗马人，古罗马人在文化上就是推崇古希腊人。所以在《自然史》中，保留了古希腊典籍的许多材料。

我没读过《自然史》，但卡尔维诺对它的评论，让我大概理解了老普林尼的思维方式。

（四）卡尔维诺如何读司汤达

在卡尔维诺的这本书中，有许多好玩的文章，比如卡尔维诺谈司汤达。

司汤达是我最喜欢的一位作家，也很喜欢他写的《红与黑》，甚至认为《红与黑》是人类史上最好的小说之一。过去我认为司汤达是一个社会批判者，控诉当时制度的不合理。但读了卡尔维诺这本书后，我才发现还有其他的理解路径。

按社会批判的理解路径，就无法解释：司汤达把于连（《红与黑》的男主角，他的名字有多种译法，早期译本多用于连，近期译本较少用）写得这么好，而于连其实就是司汤达自己的化身，可为什么司汤达的自传却写得这么糟，前言不搭后语，让人读不下去？

卡尔维诺也是作家，所以，他就从这个角度去读司汤达——为什么司汤达会把自传写得这么乱？他认为，司汤达写作是为了对抗死亡。

我们知道，一切组织体在运行过程中，都会出现熵增，熵增到一定程度，系统都会崩溃。人类也一样，生命就是不断成长，成长到一定阶段，无法控制熵增，也就结束了。

那么，怎么才能对抗熵增？或者说，怎么才能永生？

司汤达认为，人可以让所有的成长集聚到一个点上，就可以抑制熵增，那就是意志。所以在《红与黑》中，司汤达才如此强调于连的意志。他所有的写作都特别强调意志，可写到自己时，他就不行了，因为写别人时，别人是客体，可以把自己的意志投射上去；但写自己时，客体消失了，他就不知道如何才能表达清楚，所以他的自传写得不好。

司汤达所有小说都在强调人类的意志，用意志来控制死亡，用意志把自己正在分散、因熵增而不断崩溃的自我重新捆扎在一起。

从意志的角度来理解司汤达，卡尔维诺的这种读法也很有意思。

（五）卡尔维诺如何读《两个骠骑军》

在书中，卡尔维诺还谈到了托尔斯泰的《两个骠骑军》，这本书我也读过，很喜欢。书中的父亲是土匪一样的人物，是打败拿破仑的那一代人。可以参考莫言老师的《红高粱》，里边的“我爷爷余占鳌”就是这样一个形象。可儿子这一代则是镇压革命的一代，满口法语，彬彬有礼，有修养，同时又是非常没趣味、没灵魂的一代人。父亲会鞭打仆人，但和仆人感情特别好，儿子则只会不断抱怨仆人。

《两个骠骑军》通过两代人的变化，写俄罗斯精神的流失，想找回精神的“伏特加”，托尔斯泰认为，那才是俄国人的力量源泉——适当的粗野，但豪迈、无私和任性。这其实是一个建构出来的误会。卡尔维诺在这篇文章最后几句话说得非常好，指出托尔斯泰可能一生都沉浸在这个误会中。

在文章中，卡尔维诺主要是在陈述《两个骠骑军》的故事，但最后这几句话才是他真正想说的。

说实话，这种读法上大学时候看，我看不懂。随着人生经验增加，越来越意识到，所谓神话、精神，很多是根据后人需要而人工塑造的。事实是不是这样的？俄罗斯是不是真有所谓的野性精神？这种精神能否能带领俄罗斯走向现代化？是不是要靠这个来决定俄罗斯民族的未来……真的很让人怀疑。

全人类的近代化之路都差不多，无非是教育国民、提高理性、发展科技、推动经济，让社会达到文明状态。道路不同，但基本方法都一样。我听马勇老师说过一句话，就是“自古华山一条路”。确实如此，从现实看，传统再不同，走向近代化的路数基本都一致，埃及近代化、法国近代化之间没太大区别。

近代化是条理性之路，但总有人想抄近路，特别是像托尔斯泰这样的人，贵族出身，从小学法语，意识到法国人瞧不起他们，所以他怀疑近代化的路对不对，会不会是一条投降之路、自我丧失之路？他要找一条与法国之路不同的俄罗斯之路，可怎么也找不到，最后只好寄托于野性精神。

托尔斯泰的误会具有一定的普遍性，所以，卡尔维诺的批评值得深思。

（六）卡尔维诺如何读文学

在书中，卡尔维诺的议论还有很多，其中好几篇文章我都很喜欢，比如他议论一些美国作家，读法和我们过去的读法完全不一样。小说就跟诗歌一样，永远没有正确的解释，只有彼此的共鸣。

比如卡尔维诺评论蒙塔莱的《也许有一天清晨》，比如他评论马克吐温、亨利·詹姆斯，还有康拉德、海明威、博尔赫斯、狄更斯、福楼拜等，都是我很喜欢的作家。卡尔维诺在评论中，都带有很强的个人见解，呈现的是他阅读后的理解。如果把他所评点的这些书都读过，自然会形成一个美妙的精神走廊。

当我们想象自己将来会成为一个什么样的人时，手中没有地图。我们只能提出一些现实的目标，比如今天当员工，明天想成为经理，再以后成为总经理，但这不是人的精神目标选择：是做一个精神完美的人，是一个有自己个性的人，还是一个有坚定信仰的人？

要达到上面的目标，怎么去做呢？一定要劳其筋骨，饿其体肤吗？这本书给出了一份清晰的地图，如果我想成为像卡尔维诺这样有趣的后现代主义作家，对世界有奇特的想法，既否定现实，同时又能深入现实，我就会把他评点的这些书全读完。

主持人：请您用简短的语言概括一下，您认为“阅读”是什么？

蔡　辉：我觉得，卡尔维诺在这本书中已经说得很清楚了——阅读就是阅读经典。如果只是休闲阅读，如今好玩的东西实在太多了，阅读不是最好玩的。阅读有时挺累，有时会让你失望、放弃，或者说在很漫长的时间里觉得没有收获，觉得不论怎样努力，也不可能读懂……在这时，你必须咬牙读下去。我觉得，当我想成为另外一个人的时候，只有阅读才能帮助我。

这本书主要是讲小说阅读，在很多人看来，小说阅读可能是最没用的一种阅读，但我们生活在一个多元世界中，会见到形形色色的人。如果我们多读小说，读一本小说，就等于经历一次人生，每次我们都会套入不同的角色中，慢慢地，我们就会更多地理解别人。我们看一些社会新闻，觉得这个人怎么这样，感到很愤怒，因为我们不了解他、不能深入他，像于连那么坏的人，作家也能把他写得很感人，甚至让我直到今天，都对于连充满同情。一个年轻人想上进，可社会不给他机会，最终他走上犯罪之路，这都是他的错吗？社会该负什么责任？我该负什么责任？所有青春都充满挫折与期望，所以我真的很同情于连。

当然，也别把阅读太神圣化了，把它说得太高明也没有必要，阅读就是一种生活方式，跟吃饭、喝水一样，也不是什么神灵，它不会让我们变得伟大，读或不读一本书，既不可能让我们变成一个好人，也不可能让我们变成一个坏人。

作为一种生活方式，阅读需要培养。如果形成了阅读习惯，就会一辈子都读。如果没这个习惯，可能一辈子都不读书。如果你一辈子都没形成读书这个习惯，至少可以装装阅读，让自己的孩子觉得父母在阅读，这样他们将来也会去读书，也会意识到这种生活方式不错。

我当年阅读，其实就源于我爸爸喜欢看报纸。我童年最深的记忆，就是我爸天天蹲在阳台上看报纸，所以我就觉得看报纸很有意思，我 7 岁就天天看报纸，以后慢慢就形成了阅读习惯。

蔡辉"阅读"主题私享书单

《小说面面观》

〔英〕E．M．福斯特　著　杨淑华　译
人民文学出版社　2021年版

这本书其实最有意思的是比较幽默，英国人的那种幽默。英国人最擅长指出你的这些行为是多么脱离现实，就像《傲慢与偏见》里面的表哥，我们每个人都会有那样的时刻。

《顾随中国古典诗文讲录》（全8册）

顾随　讲　叶嘉莹　刘在昭　笔记
河北教育出版社　2018年版

这套书是叶嘉莹先生记录的顾随先生上课时的讲义。我们过去学中文，学的都是西方美学观念，对中国观念不太了解，也不太喜欢，结果学了一大堆理论，很会批评，可真去写诗，没几个人会。古代诗学不讲文学史，也不讲作家比较，就是告诉学生怎么写，会写了，自然就会欣赏了。这条路数不一定完全正确，但也是很重要的一条路。

《俄罗斯文学讲稿》

〔美〕弗拉基米尔·纳博科夫　著
丁骏　王健开　译
上海译文出版社　2018 年版

纳博科夫是我非常喜欢的一位作家，他背叛了俄罗斯的文学传统。俄罗斯的文学都是写崇高、写神圣，纳博科夫就认为，俄罗斯百年的苦难恰恰源于此。我们都是现实中的人、世俗的人，应该坚持经济理性、法律理性，很多俄罗斯人没有成为近代公民，很重要的一点，就是他们自己虚拟了一个崇高，把自己当圣人，这就是托尔斯泰、陀思妥耶夫斯基等人干的错事。他的观点很有意思，说的对不对，我不敢说。

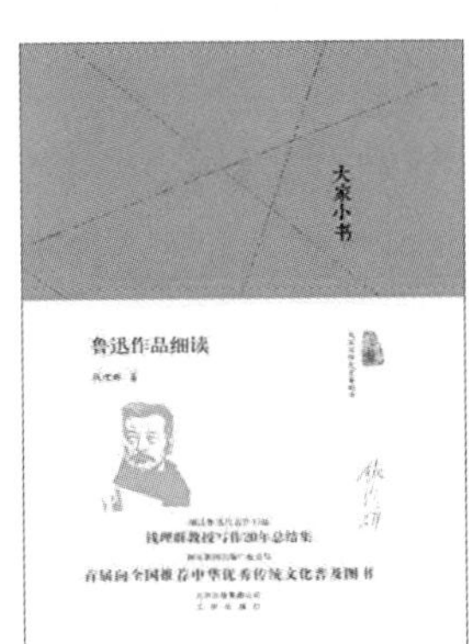

《鲁迅作品细读》

钱理群　著
北京出版社　2017 年版

这个就不用细讲了，钱理群先生是研究鲁迅的泰斗级学者。

《文学阅读指南》

〔英〕特里·伊格尔顿　著　范浩　译
河南大学出版社　2015 年版

这本书也很有意思，依据小说的开头、结尾去展开分析，从技术流角度反思意识形态对文学的影响——为什么我们都认为这个开头好？因为意识形态在悄悄产生作用。为什么这么写就不是经典，那么写就是经典？背后是权力在运作。这本书可以拓展我们的视野。

书与你

阅读之道的*12*堂课

《如何读懂经典》

［英］亨利·希金斯 著 林步升 译

中信出版集团 2017 年版

亨利·希金斯（Henry Hitchings）（1974~）

英国著名文学评论家、历史评论家、语言学家。毕业于牛津大学、伦敦大学。著有《约翰逊博士的词典：一本勾画世界的传奇故事》《文字的秘密生活：揭秘英语发迹史》《语言战争：体面英语的历史》等。

你是否曾谈论其实没怎么读完的书，或觉得自己在文学和哲学上还能聊得更多？这本妙趣横生的经典阅读指南正是为你而来。

——英国《卫报》

见解鲜明，生动有趣。读完本书，会极为有效地引发读者对阅读的热爱。

——英国《每日邮报》

这本书教你怎么样可以不用读完，也能够去讨论经典。作者每一章都用心良苦，他希望读者不只是看了这些就出去高谈阔论，而应该读完它们。

——梁文道

亨利·希金斯选取了多数人熟知但几乎不去读的经典名著，一箭穿心地道出书中要旨，并通过挖掘作品能够激发人兴致的典故、名言、桥段、背景、冷门知识等，向我们指出了阅读经典的有效途径。在亨利·希金斯机智风趣的笔下，无论是迷宫般的但丁《神曲》、滔滔不尽的《追忆逝水年华》，还是莎士比亚的皇皇巨著，这些以往令我们望而生畏的经典，一下子变得亲切起来。看完本书，我们会禁不住再次将手伸向它们。

分享嘉宾
方希
中信出版集团副总编辑
出版人 作家

经典作为社交货币

——为什么假装读书比假装有钱有害

谈谈一本书，亨利·希金斯的《如何读懂经典》，以及它所引发的话题。

这本书提到的话题比这本书重要，书只是我们话题的一个引子。我为这次分享起了一个比较轻的名字，“经典作为社交货币——为什么假装读书比假装有钱有害”。

一、作为社交货币的经典作品

先来看一下亨利·希金斯在序言中提到的一个前提：谈书是公认的社交货币。

大家都有这种感受。比如说在一个争议的场合，当一个人开始引经据典，这时不论内容与所争论的问题是否高度相关，都会起到让对手肃然起敬的效果。在我所看到的所有争议场合当中，凡是使出这种招数的，基本上无往不胜。很多时候，在漫长的引用和背诵之后，大家已经不大记得到底为什么要争论，以及要争论的问题。

在另一些陌生人和熟人都在的场合，需要各自介绍自己，如果生硬地介绍自己，就像相亲，很怪异，如果这时大家共同谈起一本都读过的书，就会迅速拉近彼此的距离。

如果人们对一本书的评价相去甚远，比如有的人觉得这部作品非常伟大，开启了自己的智慧，另一些人则认为它是垃圾，也会拉近彼此的距离——物理距离太近，可能会打起来。

希金斯问，我们好像在很多场合都急需这样的货币，但是问题是很多人都读不动书了，怎么办呢？

希金斯非常辛辣地指出，在别人谈起一本你从来没有读过的书的时候，大部分人会随声附和，显得自己读过。甚至会搜肠刮肚地想起别人的评价，或者曾经让他印象非常深刻的细节，以证明他读过。

大家发现没有，在这种状态下，我们往往已经脱离了讨论这本书的具体议题，而只是在表现自己读过这本书，以便在社交当中不会被甩出。但是在话题范围内，我们事实上已经被甩出了，因为我们的注意力根本就不在议题上。

对于希金斯的判断，我认为他没有做过统计学意义上的调查。但是基于我们对人性的普遍认识，这种小小的附和和借花献佛应该不是个小概率事件。

看这本书的时候，我也忍不住反躬自省，我有过这样的时候吗？我不能说绝对没有，但很少。世上的书车载斗量，即使有伟大的经典没有读过，也并不是耻辱。

真正重要的是，我们读到过的那些书，到底给自己的生命注入过怎样的能量。看书不是做计件短工，拼数量没有意思。

读过某本书也没什么了不起，就是打了个卡。在网红圣地打了个卡，并不证明你就是网红。在一些社交场合中，确实会有人说我好像翻过或者扫过某本书。翻过、扫过、听人说过、如雷贯耳，都是可能的，如果这本书没有进入过你的思考资料，其实跟没看过差不多。

希金斯的这本书是一个读书笔记或者书评的汇合，但又不是真的书评，它的功能性非常明确，就是给人提供一些工具，当有人提到那些我们没有读过的书的时候，我们到底应该怎么样去描述它。

他选的书都是比较利于做社交货币的书，使用的场合更适合欧洲，所选的书也基本上都是西方经典，只有一本亚洲的书，紫式部的《源氏物语》。他提到的书，只要对西方文化史比较了解的人，都非常耳熟。

比如荷马的《伊利亚特》和《奥德赛》、但丁的《神曲》、詹姆斯·乔伊斯的《尤利西斯》，还有莎士比亚、托尔斯泰、陀思妥耶夫斯基、塞万提斯、亨利·詹姆斯等的传世名著，这些名字听起来如雷贯耳。荷马的《伊利亚特》和《奥德赛》现在就放在我的手边，我大概没有翻过多于10页。

我有一个朋友，他要读希腊经典，尤其是荷马史诗。他给自己制定了宏伟的目标。先是学希腊文，再从原文读起。后来他觉得这个目标实在是太长远了，就换了一种方式，他去认真地阅读希腊神话故事，自己手工制作了一张非常详细的神仙谱系。他记住了那些拗口的名字，最后说起赫克托耳、阿伽门农、阿喀琉斯来就像说起张三李四王二麻子一样轻松。经过这一番努力，他跟我说：当我熟悉这些原型之后，我再看荷马的著作，就非常容易了。不仅如此，这些原型也帮助他深刻理解后世的小说。

比如一个西方人要看懂《西游记》，他多少也得了解一下佛道两界的神仙谱系以及他们的关系，要不也是一头包。

这也说明，如果我们和我们要读的书不是处在同一个文化土壤中，需要先把门槛填平，我们必须要去准备对应知识上的建构。我不大相信任何一个中国人，不做任何准备，随时翻开荷马的史诗，就能从头读到尾。

二、简·奥斯汀：务实的爱情

希金斯这本书就是书评，如果我要讲这本书，就是讲关于书的评论的评论，特别没意思，为什么？因为书和我之间的距离，像地里的小麦和餐桌上吃剩的半个烧饼之间的距离。还有一个原因是，这本书不算给出方法论,它是作者自己的感受和经历,以及在场合中提起这些书的技巧。

书里提到的东西比较多，我选择了他讲一位非常普罗大众的作家简·奥斯汀的章节。奥斯汀的小说被改编成各种各样的电影、电视剧，不断翻拍，每一次翻拍都是一次盛大的比武。

简·奥斯汀是一位我非常喜欢的作家，她的一生中出版了6部小说，还有一部小说没有写完。她的这6部小说，每一本我都看过，有的看了不止一遍，所以在看亨利·希金斯介绍简·奥斯汀的时候，没有接收到意外的陌生信息，他讲到了一些大家普遍都知道的事情。

比如说奥斯汀确实是有人喜欢、有人不喜欢，据说尤其是男性读者不是很喜欢，觉得她琐琐碎碎，没有思想，没有宏大的关注。

我们也知道，奥斯汀经历了历史上巨大的动荡，但是依然执着于写宁静乡村里的家居生活，写那些年轻的姑娘们和她们的妈妈们——以下简称为丈母娘们——姑娘们既看重财富又相信爱情，她们活跃于舞会和聚餐，寻找自己后半生的伴侣。

毫无疑问，奥斯汀最受欢迎的小说是《傲慢与偏见》。亨利·希金斯觉得奥斯汀的修辞饱含深意，他用《傲慢与偏见》那句为人熟知的开场白举例：黄金单身汉都想娶个妻子，这是举世公认的真理。他说，这句话仿佛让人有些反感，因为太直白了，而且她用一种断言式的真理的方式去呈现，认为这是对读者的挑衅，而并非是提供了答案。对这种说法，我表示怀疑，因为这属于作品的文字、结构和修辞的环节，对如何看奥斯汀并没有特别的价值。

在希金斯对奥斯汀的描述当中，说有一点含金量的，是他对照了那

个时代的收入水平和生活水平。比如在《傲慢与偏见》中，达西先生的到来让镇上的丈母娘们和姑娘们激动不已，因为他不仅单身、年轻、帅气，最重要的是他一年有一万英磅的收入，而在此之前让丈母娘们奔走相告的彬格莱先生一年有4000~5000英磅的收入。这是个什么概念？

公元1800年前后，一年500英镑的收入对于单身的上层女子来说就过得去了。我查考了一些资料，那时的英国，中等收入的家庭可支配的收入大概在300英镑。一般城市家庭的收入在40~300英镑之间。这样大家可以大概对500英镑有个概念。

我做一个比较粗暴的对照，从生活质量上看，一个单身人士在北京，生活较为舒适优渥，我们假设是50万。假设500英磅对应今天的50万，那么一万英磅是个什么概念呢？相当于大概在1000万左右。

财富从过去到今天都有同样的能量，一方面能对生活的风险有所抵御，一方面在自己的生活上有更大的自由选择。奥斯汀的另一部小说《爱玛》，女主角爱玛的条件实在太好，她美貌、善良，个性开朗，又非常聪慧，生活在一个和乐的家庭，父亲跟她的关系非常好。她独立，对人也有体谅，在她父亲舍不得她的家庭教师离开的时候，她坚决地维护了家庭教师追逐自己的幸福的权利。

就这么一个全优姑娘，小说写的是她的莽撞，她既莽撞地去指点和支配别人的恋爱和婚姻生活，也莽撞地差点错过了自己的幸福。她莽撞的底气，至少有一部分来自她有三万英磅的收入。按照我们刚才的计算，大约有3000万的收入，所以她能够按照自己的心意生活。

能够按照自己的心意生活看成是自由的表征，奥斯汀成功地让爱玛的聪慧显出一种无可阻挡的愚钝。一切都是残缺的，即使当前我们有了足够的自由，它也让我们对自己认知失去参照，失去敏锐和判断。世上不会有百分百毫不含恶意和锋刃的天赐之物。

比如《理智与情感》中达斯伍德俩姐妹对于自己理想对象的期待就不一样，玛丽安就想嫁一个年收入2000英磅的丈夫。她按照当时的生活水准精密计算：得有一辆两驾马车、得有仆人、得有猎人，房子和庄园就不用说了，这么算下来就得2000英磅。她最后嫁的布兰登上校就是这样的身价。她的姐妹觉得嫁2000英磅的有点贪心，嫁年收入1000英磅左右的就可以了。

今天，除了对方自爆说我有多少钱，我们一般不会去猜测一个陌生人的年薪，或者主动打听别人的年收入，这是冒犯、没有教养的行为。但是那个时候年收入似乎是公开信息，特别对男性来说，是这个人的第一标签。

当然，今天明目张胆打听收入在一个场合是合理的：公园里的相亲角。

我曾经看过一个短视频，一个北京小伙在上海人民公园的相亲角举起他的资料，一直没人来理他，他只好拦住一个阿姨说：请你看一下我的资料。这个阿姨问收入怎么样，他说我硕士毕业，没工作几年，现在收入30万。我们听起来已经很不错了，但是阿姨说：我女儿可不要你这样的，30万太少了。她又问他是不是上海户口，他说不是。这个阿姨就对他完全没有兴趣了，立刻掉头就走。他赶紧说我有5套房子。阿姨就说外地房子不值钱的。他说是在北京有5套房子。阿姨立刻停住了脚步，回过头来说：小伙子，来，我们加个微信。

职场人会觉得这样的场景尴尬，好像每个人都明码标价，把自己浑身上下都数据化和可视化，好像除了这些条件，不谈合得来合不来，精神上投契不投契。实际上，相亲角的大爷大妈们不是这样的。他们说，我们把物质条件先确定下来，然后去看感情上大家是否合得来。不过是顺序问题。

回到奥斯汀的时代。当一个年轻男人出现时，大家对他的描述是他的年收入有多少、庄园有多大。这个人自带相亲角的招牌走遍了大街小巷，丈母娘们口耳相传，隐形的卡片贴在背上，负担成为话题的重量。

那时的英国有贵族和平民两个阶层。贵族的家产和头衔由长子继承，次子一般会去做军官、牧师或者去海外殖民地谋求发展，也是平民。贵

族和有土地的乡绅的收入，大多来自田产的租金，也有少部分人有股票和海外投资的收入，他们的收入总体稳定。不像今天的创业者，开始还住地下室，公司逐渐做大之后，过几年财富就实现了飞升。

奥斯汀去世后二十年开启的维多利亚时代，整个英国大概有 2000 多个乡绅，他们的田产从 1000~3000 英亩不等。上层贵族的底层和乡绅在社交上有接触的可能，也有可能通婚。从较低到较高阶层的融通，婚姻是一条捷径。

在奥斯汀的小说里，收入低的女子通常比较瑟缩、附庸和卑躬屈膝。她们感恩那些比她们富有的女伴带给她们的友谊和帮助，不大能见到穷且意坚的。《傲慢与偏见》里，伊丽莎白算不上穷，但是她的父亲去世之后，她们就必须要搬离现在所住的舒适房子，生活也会受到影响。我们就能理解，伊丽莎白拒绝了有一万英镑年收入的达西的第一次求婚是多么有戏剧性。

《曼斯菲尔德庄园》的范妮，她的背景更有代表性。范妮的母亲因为爱情嫁给了海军陆战队中尉，生活不宽裕，生了一大堆孩子，范妮是最小的那个。范妮的姨母玛丽亚仅凭七千英镑的陪嫁，就嫁给了托马斯爵士，生活优渥。范妮的母亲被迫把她寄养在姨母家。两姐妹只因为嫁得不一样，社会阶层和生活品质相去甚远。范妮的母亲年轻时非常骄傲，跟富裕的妹妹们划清界限，可终究抵不过生活的艰难，不得不向妹妹和妹夫求助。

在《傲慢与偏见》中还有一个角色夏洛特。柯林斯先生——也就是伊丽莎白的父亲的侄子——即将要继承她们家家产的那个人，他首先向伊丽莎白求婚，受到拒绝后转而向伊丽莎白的朋友夏洛特求婚。夏洛特说：柯林斯先生确实不通情达理，也不讨人喜欢，和他交往实在是很烦人，他对我的爱也是幻想出来的，但是我还是要嫁给他，因为财产。

了解了当时英国的情况之后，我们就能够非常深入地理解那时的丈母娘们和女孩子们的选择。

三、毛姆心中的简·奥斯汀

简·奥斯汀实在是一位非常重要的作家，评论她的作家和研究者车载斗量，我们来看看一位作家是怎么评价另一位作家的。看作家们的评价，很多时候，比看一位作家讲他的写作观更能接近他。

毛姆是一位文学巨匠，他在当世和后世都受到了极大的欢迎，但是也会受到有些人的挑战，这些挑战的人说毛姆的书太畅销了，说明他不是一个思想深刻的人。毛姆写了一篇文章反驳，但因为过于愤怒，反而弱化了他擅长的刻薄。

毛姆非常喜欢简·奥斯汀，他对简·奥斯汀的描述就像一部小说的展开，非常精当。他一开篇就说：说起简·奥斯汀一生的经历，三两句话也就够了。真是个漂亮的开头。

毛姆从奥斯汀的书信去接近真实的简。奥斯汀的一生中，跟她的姐姐卡桑德拉极为亲密。用她们妈妈的话说，哪一天卡桑德拉要是被拉去砍头，奥斯汀也会毫不犹豫地跟在后面。这是一种非常奇妙的亲缘关系，奥斯汀最后病死在姐姐怀里。

她在一生当中给卡桑德拉写过大量的信，可以看到一个真实的、鲜活有趣的奥斯汀。她的信琐琐碎碎，说点邻居的八卦，说点家里的财务，说她最近看的东西，也会讽刺那些她讨厌的人。

毛姆非常看重这些信息。有些作家写信的目的就是为了直接进入印刷机，可以一字不改地发表出来。为了安全，毛姆只提到了一个人，就是去世多年的狄更斯。其实他是想说，很多人的书信只是自己的化妆师，他们坚持不懈地给自己化妆，但奥斯汀的信不是。

奥斯汀在一生中经历了许多历史事件，法国大革命、“恐怖统治”时期、拿破仑的崛起和溃败，但是在她的笔下一个都没有写到，是她不关心吗？是这些事情没有影响到她吗？其实不是，她的哥哥就是海军，所以她当然会关心他们的遭遇。

毛姆是怎么解释的？他说她虽然经历了这么多，但还是要写那些宁静的生活。从文学的观点来看，多么激烈的社会变动都不过是昙花一现。这就是奥斯汀根本不谈这些大事的原因。

这是一个作家对另一个作家的理解，他觉得在奥斯汀的文学观中，那些事都不重要。但我深表怀疑，这是毛姆对奥斯汀的过度解读。

那个时代，奥斯汀的生活领域就是在她的家里，她早期写小说的时候，甚至只能偷偷写，而且她的小说没有一部用真名出版的，她的第一部小说出版的时候用的名字叫“一位女士”。如果有人敲门或者路过，她迅速地把她写的东西藏起来。在那个时候，女性既没有资格，也没有路径去真正关心国家大事。

30 年之后，《理智与情感》出版，那时，英国的风气已经发生很大的变化，女人创作小说已经是寻常事，这在之前是不可想象的。《傲慢与偏见》在 1813 年出版。司各特夸奖她特别善于描写繁琐和复杂的事物。毛姆在引用司各特时很意外，他奇怪为什么司各特就看不到奥斯汀的幽默。她好奇、幽默、辛辣，又有教养，这才是奥斯汀。毛姆还发现，奥斯汀从来不写她不曾经历过的事情，比如两个男人在封闭空间内的对话，因为她不曾看过、不曾听过，所以她没法写。

每一个作家在看另外一个作家的时候，看到的都是那些自己所具有的禀赋在他人身上的缺失或放大。比如司各特擅长写宏大，所以奥斯汀的琐碎和复杂对他来说是个缺失；而毛姆本人幽默，他更看重幽默。

毛姆曾经在一篇文章中说，他最喜欢的奥斯汀的小说是《曼斯菲尔德庄园》，但是他在另一篇描述奥斯汀的文章中又说《傲慢与偏见》最好，这是不是有点前后矛盾？奥斯汀的 6 部作品水平都很高，很难说哪一部作品有非常明显的缺陷，她的作品之间的差距也是很有限的。她虽然只出版了 6 部作品，但是这 6 部作品一出手都是一流，互相之间没有二流和三流的区别。

我认为，毛姆实际上忘了之前自己写文章说最喜欢的是哪部，他对奥斯汀的小说可能都很喜欢。毛姆也指出了奥斯汀小说的一些毛病和问题，这些毛病和问题不是写作技巧上的，而是作家禀赋上的。他认为，在虚构不寻常的事件方面，奥斯汀并没有什么出众的天分。他举了一些例子，觉得她所制造的夸张的不寻常的情节，是不符合生活的逻辑的。她在既定路线上走不通了，只能制造出不寻常的事情，但写得太生硬。这有点像看套路戏的中国人说的话，做戏无法，请个菩萨。他说奥斯汀有足够的观察力、幽默感，允许她能够不耽于幻想，足以把普通的生活写得并不普通。这是对奥斯汀能力的一个非常准确的表述。

毛姆之前曾经提出过一个问题，奥斯汀的小说写得那么琐碎，也没有什么意外和跌宕，为什么会让人迫不及待一页一页翻下去？那个时候他也没有答案。后来，他在另一篇文章当中对这个问题给了一个非常棒的回应，他说：奥斯汀不仅对书中人物及其命运感兴趣，而且她对发生在他们身上的事深信不疑。

四、作家的隐秘语言

作家和作家之间有一些隐秘的语言。比如奥威尔曾提出一个问题：托尔斯泰为什么那么恨莎士比亚？两人都是大师，所有人都臣服于他们面前，但是托尔斯泰彻底否定莎士比亚的一切。他说莎士比亚不仅不是一个天才，连个普通作家都谈不上。

托尔斯泰最讨厌莎士比亚的作品《李尔王》，他对这个作品堆砌了所有的恶毒之词，他说这个剧愚蠢、啰嗦、做作、言过其实、粗俗、沉闷，而且这是一部剽窃之作。托尔斯泰说，莎士比亚有什么了不起的，言语夸张，把自己的话随便塞进一个人的嘴里，不管是不是符合这个人的身份和教养。莎士比亚有没有这个毛病？有。但是文学就是这么神奇，即使他有，依然让人觉得那是一部光芒万丈的作品。托尔斯泰说，你管莎士比亚叫什么都行，就是不能说他是个艺术家，他的思想倾向是最低下和最不道德的。

奥威尔说，为什么会这样？托尔斯泰是怎么了？

先简单说一下李尔王的故事。李尔王是古代不列颠的国王，年老后要把他的国土分给自己的三个女儿，他让三个女儿表态。大女儿和二女儿都甜言蜜语，小女儿考狄莉亚则说了老实话：“我爱你，只是按照我的名分，一分不多，一分不少。”李尔王很生气，驱逐了小女儿，把她嫁到了法国，把他的国土平分给了大女儿和二女儿。李尔王很快受到了两个女儿无情的怠慢。小女儿得知父亲的情况后愤而从法国兴师讨伐。最后小女儿那一方战败，考狄莉亚被俘并去世，李尔王抱着她的尸体在悲愤中疯狂而死。这是一个悲剧，也是一个寓言。

毛姆有一个非常有意思的说法，他认为世界上最伟大的小说家是巴尔扎克，但是世界上最伟大的小说是托尔斯泰的《战争与和平》。托尔斯泰是个贵族，年轻的时候不太信上帝，生活各方面都很优渥，和其他贵族一样，生活放浪、狂嫖乱赌。后来他又选择了信东正教。当他跟那些贫苦的农奴们在一起的时候，他发现农奴们虽然衣不蔽体、食不果腹，但是他们对于信仰有着最为坚贞的确认。

他和他的妻子索尼娅的关系并不太好。他的女儿成年后，得出去社交了，否则找不到好婆家，他妻子就逼着一家人住到城里。在那里，托尔斯泰又看到了惊人的贫富差距，他受到极大的刺激。在身边有限密友的鼓励下，他要放弃他的爵位、土地和财产，他认为土地和财产会阻挠人的信仰，财产本身就是罪恶。但他有一大家子人要养活，他的妻子也不能够忍受他放弃财产。这是他们之间不可开解的矛盾。

托尔斯泰就自己去跟农夫干活，去补鞋、挑粪，最后他的形貌、气质都和农民高度接近。有一次他挑完粪回来，坐下就吃饭，屋里实在太臭，大家不得不把窗户打开。

他得不到家人的支持，这一点很容易理解。事实上，我也不觉得索尼娅是多么恶毒的坏女人，她只是一个普通的、希望过上好日子的伯爵夫人，她一个接一个地生孩子，导致身体不好。她无法灵气通透，毕竟全家不能都像托尔斯泰一样仰望星空，总得有人考虑生计。事实上，在家里快揭不开锅时，她把托尔斯泰图书的版权拿到手里，这些版权原本托尔斯泰要捐出去，在她的手上，让家里还清了债务。但托尔斯泰更恨她了，觉得她是阻碍自己获得精神救赎的绊脚石，一个自私的控制狂。

托尔斯泰的选择和境遇与李尔王多么相似。奥威尔说，李尔王最大的问题就是，一个国王放弃了权位，但是依然希望得到别人对国王一样的尊敬。

托尔斯泰看到《李尔王》，他惊悚地发现，莎士比亚已经清晰地写明了他的命运，把他所有的荒诞、自以为是、家人对他的厌弃和最后悲惨的结局写了出来，托尔斯泰无法承担这个寓言。作为一个作家，他深知莎士比亚写得精确，简直像上帝的指纹，他不过是顺着指纹的沟缝艰难爬行的蝼蚁。李尔王悲愤地咒骂全世界的人都忘恩负义，事实上他才是那个不理解忠诚、连累了女儿、忘恩负义的废王。

托尔斯泰在逃离他妻子的路上死去。在他临死时，陷入了昏迷的他依然在不停地喊：快逃！快逃！而李尔王死在荒原上，在暴风雨里，他抱着女儿的尸体，身边只有一个疯子、一个弄臣。

五、什么是好的读书笔记

希金斯的这本读书笔记，让人想到的另一个问题就是：什么是好的书评和读书笔记？

优质的读书笔记本身也必须是优质的创作，它必须信息含量大，就像一架荷载够大的飞行器。它载着我们飞过这处乐园的上空，让人对这处乐园的山川、树林、通往其他乐园的宽阔大道都了然于胸。最后，它把我们轻轻地放在门口，翩然离去。

它的目的就是要让人走进乐园，看到乐园的全景，而不是让人看到

了全景的照片，就权当去了乐园。好的评论是让我们去接近一些伟大作品的方便法门，也是另一座有独立空间的建筑。精彩的评论是导引我们去看，看完之后还想再看一遍评论，收获又有不同。

最后说一下，为什么说假装阅读要比假装有钱要有害？

假装阅读有可能会产生几个恶果。

第一，虽然是假装读的，但是后来就当真了，恍惚觉得自己看过了。即使没有看过，觉得记得这些也就不错了，不仅足以装点门面，也足以增加一个思想武器。这是危险的。

第二，假装读很多书，像一个人浑身上下挂满装饰品，稀里哗啦到处走，形象并不优雅，姿态并不好看，边走装饰品掉了一地，不被戳穿是运气。

第三，它会让我们错过那些让我们觉得震撼和觉醒的美妙时刻，这难道不是阅读的本意吗？

至于假装有钱，我认为它的损害是有限的。如果是我们自己假装有钱，马上就会受到暴击。身上揣着 99 块钱，一定要去一个 199 的餐馆，要不被扣住，要不就是吃霸王餐，最后被警察处理，代价太大。如果要假装有钱要去骗什么的话，除了龙布罗梭所称的“天生犯罪人”外，也会把自己置于危险的境地，天天跟生活斗智斗勇，一个不小心便前功尽弃。

如果我们身边的人假装有钱，我们只需要秉持一个原则：莎士比亚在《哈姆雷特》里边已经说了，不要借钱给别人，也不要向别人借钱。你会在一个假装有钱的人身边非常安全地看他所有的表演，再翩然离去。

主持人： 请您用简短的语言概括一下，您认为“阅读”是什么？

方　希： 对我来说，阅读就像日本动画片《哆拉A梦》里面机器猫手里的宝贝任意门。把这扇任意门放出来，我们可以通向任何一个空间、任何一个平行宇宙。

斯蒂芬·金曾经说：关上门，把世界关在门外。我觉得，打开书，就意味着我进入了另一个平行宇宙，而且它太廉价了、太便宜了，收益又太大了。我实在想不出这个世界上能有什么比阅读更划算的。

方希 “阅读”主题私享书单

《写作这回事》

〔美〕斯蒂芬·金　著　张坤　译
人民文学出版社　2019年版

作家对于自己创作生涯的回顾通常是坦诚和有含金量的。在这本书里，有斯蒂芬·金对自己的写作创作生涯的经历和回顾，最重要的是，他写了他所知道的关于写作的一切。一个写作者可以在里边看到太多有用的东西，而且他是如此的诚恳，让你不得不信。

《总结：毛姆创作生涯回忆录》

〔英〕毛姆　著　冯涛　译
上海译文出版社　2021 年版

这是毛姆对自己创作生涯的回忆录。

我是一个非常忠坚的“毛粉”，非常热爱毛姆。这本书既不是他的一个单纯的回忆录，也不是一个单纯的创作谈，而是他对于他人生不同阶段中最重要的主题的描述。其中既有虚构也有非虚构，我认为他的虚构主要还是为了不那么招人骂，因为他活跃在那个时候的文坛，跟当时欧美文坛的所有顶尖大师都有非常深入的交往。

毛姆的一切书都值得看，不止这一本。

《文字的力量》

〔美〕马丁·普克纳　著　陈芳代　译
中信出版集团　2019 年版

这本书的角度独特，精选了 16 本书，讲文字和文学如何塑造了历史、哲学、宗教和文明。它的角度是倒过来的，比如书中讲《共产党宣言》是怎么改造历史的，而不是历史和伟人如何催生出一部宣言的。这本书的信息含量远比我们今天谈到的这本书要大得多。

《古文观止》（上下）

钟基　李先银　王身钢　译注
中华书局　2011 年版

清代吴楚材、吴调侯叔侄精选的文集。他们选了大概 300 篇代表中国古文最高水平的文章，从《郑伯克段于鄢》开始，选择了最为辉煌灿烂的文章，不包含诗词，包含了一些骈文，也包含了一些制式文章。

这本书让我受益匪浅。绝对不要泛泛地看，比如你一天只看其中的一篇，把这篇读深读透，摘取它的句子，再写下自己的认识，收获极大。

《阅读浪漫小说：女性，父权制和通俗文学》

〔美〕珍妮斯·A．拉德威　著
译林出版社　2020 年版

这本书比较奇怪，它其实是一本被称为里程碑式研究的学术著作。大家知道，浪漫小说不像纯粹的正统小说那么深刻宏大，人们一直把女性读者居多的浪漫小说，当成是消遣性的作品。这本书是一部专著，对现代的浪漫通俗小说进行了非常重要、深入的学术研究。这本书有意思的地方在于，告诉我们怎样用学术的深度去研究一个通俗的广受欢迎的作品。遗憾的是，在它之后好像极少有人做这样深入的研究了，所以在某种程度上它是独一无二的作品。

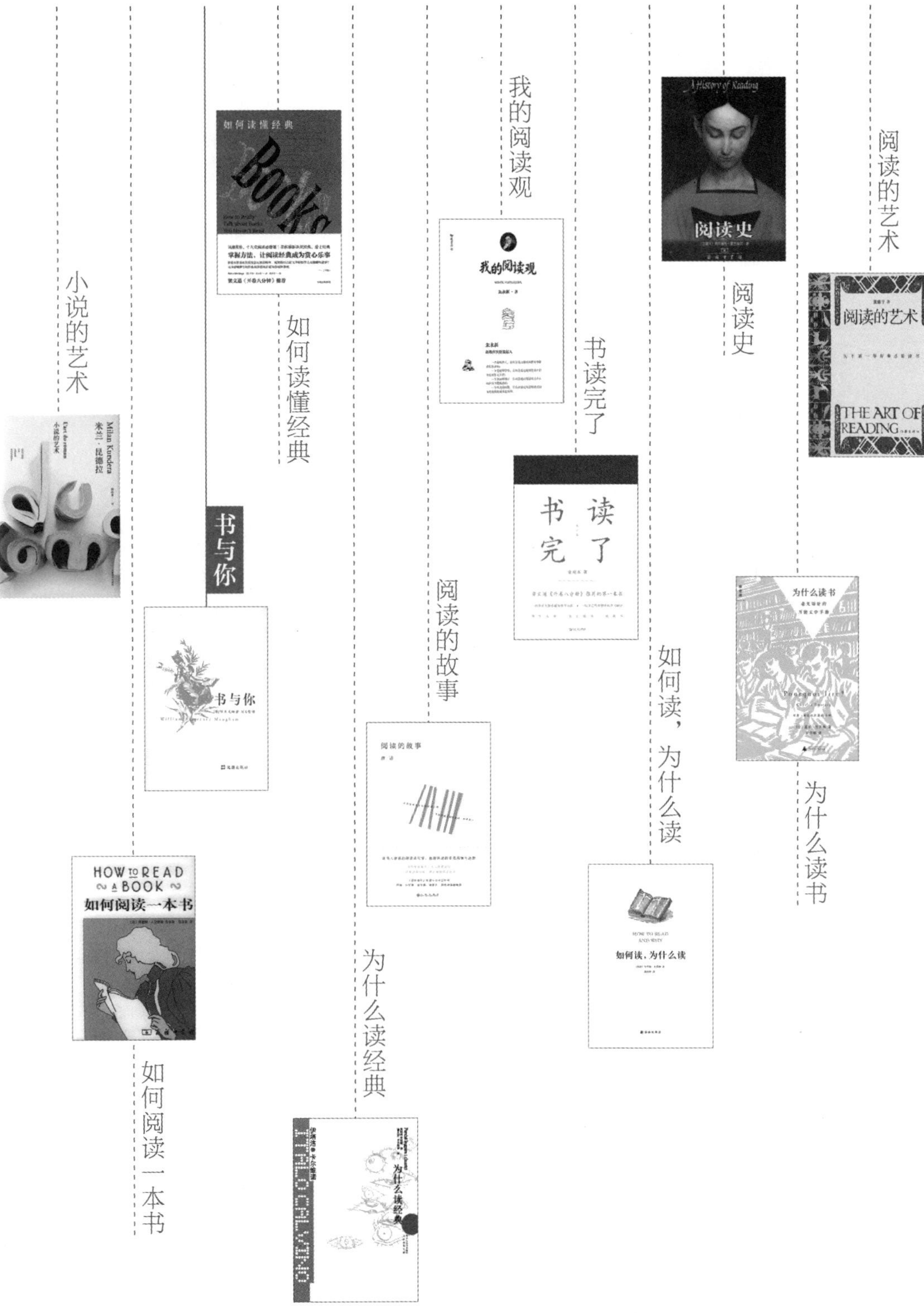

书与你

阅读之道的12堂课

《书与你》

［英］W.S. 毛姆 著 刘文荣 译

文汇出版社 2017 年版

威廉·萨默塞特·毛姆（William Somerset Maugham）（1874~1965）

英国小说家、剧作家、散文家、评论家，一生著作颇丰，主要作品有小说《人性的枷锁》《月亮与六便士》《寻欢作乐》《刀锋》等。他的作品常以冷静、客观乃至挑剔的态度审视人生，基调超然，带着讽刺和怜悯的意味，拥有大量读者。曾被授予牛津大学和图卢兹大学荣誉文学博士。1954年，英女王授予他勋爵爵位。

毛姆是一个经历特别丰富的人，像一个长辈，他写小说开篇的语句可以归纳成一句话："我跟你说一下人生吧。"只有英国作家身上才特有这样的东西，这个是英国文学中非常特殊的部分。

——孙甘露

毛姆是下述一切的总和：一个孤僻的孩子，一个医学院的学生，一个富有创造力的小说家，一个巴黎的放荡不羁的浪子，一个成功的伦敦西区戏剧家，一个英国社会名流，一个一战时在弗兰德斯前线的救护车驾驶员，一个潜入俄国工作的英国间谍，一个同性恋者，一个跟别人的妻子私通的丈夫，一个当代名人沙龙的殷勤主人，一个二战时的宣传家，一个自狄更斯以来拥有最多读者的小说家，一个靠细胞组织疗法保持活力的传奇人物，一个企图不让女儿继承财产而收养他的秘书情人的固执老头子……

——传记作家　特德·摩根

本书由毛姆当年应《星期六晚邮报》之约所写的三篇读书随笔集结而成，这三篇文章都旨在于向读者推荐好书，故取名为《书与你》。毛姆以小说家的特殊才能为他笔下的那些大作家们描绘了简约而生动的肖像，并鼓励读者为乐趣而读。在本书中，毛姆不仅推荐了英国文学名著，还推荐了法国文学、德国文学、俄国文学和美国文学名著，同时对推荐的书予以评论，全书篇幅不长，虽然简略，但颇有卓见。

分享嘉宾
麦小麦
作家 广州市文艺评论家协会副主席
阅读推广人

愿你在书籍的世界里光芒万丈

——如何把书读成自己的

大家好，我是麦小麦，写作者、阅读推广人、自媒体人，在小红书和各种短视频平台开设“小麦姐教你讲绘本”，教父母如何更好地给孩子讲绘本，从小培养孩子的阅读能力和阅读习惯。

这次关于毛姆的《书与你》的分享，我的题目是“愿你在书籍的世界里光芒万丈”，我真正想说的是副标题：如何把书读成你自己的。在读联会的“书与你”系列活动中，能来分享与活动同名的这本书，我觉得特别荣幸。

一、毛姆和他的《书与你》

我们先来聊一聊毛姆的这本书。

大家都非常熟悉毛姆，就算不一定读过毛姆的书，可是那句《月亮和六便士》里的话，我相信每一个读书人和对人生有追求的人都知道：“月亮和六便士都在眼前，是为一份六便士的生活疲于奔命，还是为仰望心中那轮明月而有所放弃？”

毛姆是英国的著名小说家、剧作家，他出生在律师之家，但是他有严重的口吃，所以不能继承家业，不能当律师，但是他有强烈的表达欲，又狂爱读书，读书读得特别多，于是他成了作家，被誉为最会讲故事的人，是20世纪英国作家中拥有最多读者的作家，著有20部长篇小说、将近30部剧作、100多部短篇小说以及许多其他作品，他的《人生的枷锁》《月亮与六便士》《刀锋》都是大家耳熟能详的作品。

毛姆读书读得非常多，阅读速度也非常快。他觉得自己读书有瘾，他说读书是必需品，如果被剥夺了读书的权力，他就好像被剥夺了毒品的瘾君子一样的烦躁。他的阅读量非常大，而且非常有规律地读书，每天上午9:00~12:00从事写作，其他时间就读书。直到80多岁，他仍然每天坚持写作读书。这是一个既有天分又自律且勤奋的作家。

这本《书与你》是一本小书。我手头的版本是文汇出版社2017年的版本，小小的一册，只有139页，它是应杂志邀请写的三篇关于英国文学、欧洲大陆文学和美国文学的文章，这三篇文章也不是结构严谨的论述，很随性地点到了一些作家和作品，真的是“点到为止”。我觉得，这其实就是一本书单书，是他想要给大家推荐的一个书单，他对每本书都有一个简短的读后感和评论。

这本书虽然很简单、很薄，结构也非常松散，但是我还是读出了挺多有意思的地方，像其中一篇《读书应该是一种享受》，就阐明了毛姆的阅读观，他觉得阅读就是一种好奇，一个涉猎书籍世界的过程。他说：“‘书虫’们尽可以想读什么就读什么，他们的好奇心总是使他们踏上书丛中荒僻的小路，沿着这样的小路四处寻觅被人遗忘的珍本，并为此觉得其乐无穷。”真正的爱书人，就是这样的态度，不需要别人给书单。

对于大众读者，像伍尔夫说的“普通读者”，他觉得是可以给一些

书单的，这本书就是他给普通读者的一个书单。他觉得大家要去看的书首先是有吸引力、可读性很强的，同时也是可以给人带来愉悦和娱乐的。他有一个观点，认为阅读是为娱乐而读。他觉得，除了一些工具性、学科性的书，读书一定要抱着娱乐、找乐趣的心才可以。他还说到一段很有意思的话，他觉得这种娱乐性的读书“既不能帮你获得学位，也不能帮你谋生；既不会教你怎样驾船，也不会教你怎样修机器，却可以使你生活得更充实”。

这话说得有趣，不过在我看来，读书能够做到他所说的这一切，读书既能够帮你获得学位，也可以帮你谋生；既可以教你怎样驾船，也可以教你怎样修机器，还可以使你生活得更加充实。当然前提是你会读、懂得如何读、知道在什么时候该去挑选什么样的书才行。

他不仅在一些章节分享了他的阅读观、读书观和文学观，在具体的作品点评时，也给出了非常有意思的见解，比如关于马克·吐温的《哈克贝利·费恩历险记》，他谈到了美国的乡土气息到底是什么，他认为，马克·吐温的语言是非常幽默有趣的，也是非常具有乡土气息的，但如果认为哈克贝利·费恩说的那种语言就是画家所谓的“写真”、就是方言本身，那是不对的，因为他采取了一种特定的表现方法，既回避了方言中最粗俗的部分，又保留了其中很生动很鲜活的成分，让我们觉得这种语言就是他的小主人公的真实语言，而我们很乐意地接受这种语言时，文学就跳脱出来了，既跳脱出了学院派中规中矩、用特别典雅的文字来书写的传统，也跳出了乡土文化的藩篱，在两者之间走出了一条中间路线，这就是乡土气息，同时又是非常有表现力的经典的文学特色。在这样简单的论述中，包含了他对文学的深刻理解。

毛姆自己的作品也是这样的，有的人认为他并不是一个一流的作家，认为他只是在讲一些故事而已，但事实上毛姆在世界文学史上的地位是相当高的，很多人受他的影响非常之深。在他对马克·吐温的作品的解读中，也透露了他自己的文学观和写作路线。

他对有些作品的解读也与众不同，比如对《安娜·卡列尼娜》。写《战争与和平》的时候，他贬了一下《安娜·卡列尼娜》，他说："安娜的死，除了托尔斯泰有意要把她引向死路，没有其他理由可以解释。……为了把故事引向悲惨结局，托尔斯泰不得不把他的女主人公写得既愚蠢又令人讨厌、既苛刻又不讲情理。……我对她们因愚蠢而自我的麻烦，实在难以表示由衷的同情。"对这段话、这个评价，我也只好深深地呵呵，实在难以表示一丁点的同意。

毛姆的这本《书与你》就是一本特别有个人色彩的书单书，所有写到的作品都是他挑出来觉得值得向广大普通读者推荐的名著和经典作品，他的解读带有自己强烈的个人色彩，有嬉笑怒骂，也有捧哏，大家可以把它作为阅读的一本引路书。

二、如何把一本书读成自己的

我想说的是，文学以及书，读来读去，它到底对我们能有多大的作用呢？

有的人觉得读书可以改变命运，有的人觉得读书可以成就自我，一切可能都在书中；但是也有的人会说，读了那么多书，为什么还是不能过上更好的生活？这其中有一个很重要的问题，就是你到底会不会读书？会不会把书读成自己的？

这就是我今天要讲的重点，如何把一本书读成自己的？

因为我一直学中文，然后又做文学编辑，十几年前我几乎只看文学书，基本上不理睬其他类型的书，还挺自得其乐。有一次我和一位出版界的前辈聊天，他是一个很谦逊的人，对好为人师这件事有着很深的警惕，憋了半天才说，我觉得你文学书好像读得已经不少了，以后可以多涉猎一些其他门类的书。

如果他这句话是非常随意地说出来，可能不一定会引起我的注意，正是因为他欲言又止、吞吞吐吐，我才能够感受到，其中包含了他对我的提醒甚至有一些不同意见，这引起了我的警觉。接着，在阅读过程中我开始思考这件事情，开始涉猎一些其他门类的书，我越来越发现，只读文学书其实是一件非常偏狭的事，这个世界真的很大。后来，我开始关注一些思想性的书、方法论的书和其他学科的书。阅读带给我的帮助特别大，尤其是阅读各种各样的书籍，不要给自己设限，不要说我只喜欢读文学书、哲学书，在阅读的世界里真的是要保持一颗谦卑的心。书籍的世界太大了，我们任何人都不要以为只要去找到自己喜欢的、愿意的、适合的就够了，其实我们真的可以在书籍的世界里发掘无限的可能性。

如何才能把书读成自己的？

第一点就是要保持一颗开放的心。我们的心是开放的，我们才能够像海绵一样吸纳很多的东西。

吸纳之后，要在自己的心里内化，要从汪洋大海里面真正找到属于自己的、能够为自己提供养分的内容，这是第二点。

文学类的书如何为我们提供养分？文学书书写一个个的形象、创造一个个的场景、创造一个个的细节，这些人物、场景、细节都是我们生活的再现、变形，或者是作家内心情感的外化。阅读这些人物、场景、细节，就是把我们的生命拓宽和向上提升的一个过程。我们的生命只有一次，无论如何丰富精彩也总是有限的，但是文学和其他艺术门类就起到了拓宽我们生命的作用，让它成为无限的，我们能够从每一本读过的书里面领悟到多少也是无限的，文学带给我们的真的是一个无限的世界。

正是因为它不像理论书、方法论的书，一条条地清晰地勾勒出脉络，而是抽象地、有画面感地和故事性地用文学的语言写一个人物、情境、细节或者故事，每个人都可以有自己的解读、有自己的具象化，需要我们通过自己的人生感悟和阅历让它发生一种神奇的化学变化，才能够留在我们的生命中。

我们说“人情练达即文章”，反过来，我们要去领悟一篇文章，也必须要有人情练达的基础。知识付费大咖李源在讲他为什么要读人生传记的时候这样说：“把那些不平凡的生命历程中得来的智慧用在理解人身上，再把人生中积累的智慧提炼成心法，变成一种能够为我们在具体生活中所用的生活指南。”这句话其实是我们阅读文学书、回答“文学书能够给我们带来什么”这个命题的一个指引，就是阅读要配合我们的人生阅历，才能读出更多的价值。文学存在的一个最大的价值，就是让每一个注定要走向死亡的生命变得更丰盛、更自由、更加无限。

比如《安娜·卡列尼娜》，毛姆对它评价不高，但事实上我们可以从安娜·卡列尼娜身上读到很多东西，读到一个女性在成长过程中对她生命状态的不满，她要去抗争，她用了爱上婚姻外一个男人的方式。在爱的过程中她做了一些什么事？你觉得她为什么要这样做？这样做会让她离爱更近吗？在阅读的时候，你也许不会有清晰的想法，但是你会被文字带入那段感情，去感同身受，所以一个相信爱情的女性和一个理性的男性在读《安娜·卡列尼娜》的时候会有截然不同的感觉。

阅读与生活对我们读书人来说是两件并行的事，但是生活才是第一位的。生活是一手的经验，读书是二手的经验，缺乏生活经验的阅读是无效的，这时读再多的书也只是一个读书匠。我们要把书读成自己的，需要我们在人生感悟中不断地体会每一个人物、故事、场景和细节，它才能够给我们带来改变和生活中的领悟，才能够让我们看到人性的更深处，让我们从文学到生活、再反过来用文学来观照生活，这样才能把书读成自己的。阅读的最高境界，绝不仅仅是简单地让我们学到或解决什么，当然这也是非常重要的，这是我们在求学阶段非常重要的一件事情，但是更重要的事情是让我们整个人的思维发生变化，让我们拥有一种更高维度的生活，让我们拥有与万事万物交朋友的能力，让我们能从万事万物中体会到生命的真义，体会到我们来世界这一趟到底是来干什么的，

要如何做到，如何让我们的生命产生意义……这是文学的一个非常重要的意义。

说到这里，其实可以来两句鸡汤，这些网络上流行的话因为太流行了，就被我们鄙视，但我觉得它之所以特别流行，是因为它说得有道理。一句是“你的气质里藏着你走过的路、读过的书和爱过的人”，另一句是“人生没有白读的书，读过的每一本书都会长成你的血肉和骨头”。两句话的意思差不多，所以读书不要怕忘，故事不记得了，方法不太记得了，其实都没有关系，只要在当下有体验、有感触，它们就会有一部分悄悄地内化成我们自己的一部分，会在某种程度上改变我们。书读得多了，人的气质见识自然就变了。

文学书对人的影响是潜移默化的，某个人物、某个细节就在某个时机触动了你，有时是一个小小的共鸣，有时就像醍醐灌顶，在那一瞬间就击中了你，在那一瞬间就让你有一种不一样的感觉。历史上很多的人物、故事也有这样的作用，这样的文学阅读也会极大程度地改变我们。

还有一类是学科知识书，这是成就我们的知识体系的书，这样的书读得越多，我们的知识储备越丰富，越是知道我们要谦卑地面对这个世界、知道这个世界是无垠的，越是要用更加努力的、谦卑的一颗心来面对这个世界。这也是阅读给予我们的一个特别重要的提醒。

有时候，我们学习一门新的学科不一定是为了某一个具体的目的，更多时候只是为了拓宽、优化自己的思维、提升认知，认知的维度不一样，我们所站的高度就不一样。比如我们看一个人是否年轻、是否还在成长，不一定要看他的年龄、资历，而是要看他的思维模式到底是僵化的还是成长的。

所谓僵化的思维模式，就是认为自己天生如此的、不可改变的，或者说认为自己已经很厉害了、已经取得了巨大的成就了、不用再前进了等等。而成长的思维模式则是认为，大千世界里面唯一不变的就是一切都处在变化中。最近我正在读一本书叫《生活即变化》，是一位心理医生用患者故事提示人生的几大主题，一切都在变化中，就是佛教说的人生无常，只要我们认定这一点，诚心诚意地悦纳每一个变化，这才是人生的终极安全感，无论发生什么我们都不会害怕、恐惧、抵抗，都不会发生巨大的冲突，这才是一个心理健康稳定的终极法宝。

阅读量越大就越能够给我们带来开阔的思维和开放的心态，越能够成就成长的思维模式。拥有成长的思维模式，我们就知道大千世界唯一不变的就是一切都处在变化中，我们终其一生可以不断努力，向着我们心中的意义感、目标感往前走。但是也要做好一个思想准备，就是也许我们的努力是永远无法企及我们想要的意义感的，这也是生命的无常，我们也要接纳它。

这是读书带给我们的终极思维和思路，也是文学书、哲学书等带给我们的终极的人生观和价值观。

三、方法论的书怎么读

听到这里，有些朋友就会说，文学、哲学太虚了，没有兴趣，也没有那么多的时间，还是想读一些能够立竿见影地改变我生活的书，那是什么书？怎么读？

现在有大量这样的书，这就是方法论的书。方法论有很多，有的是策略性的，有的是理论性的，像心理学的很多书，或教大家衣食住行的生活方法的书，还有教大家如何精进、如何读书以及如何管理等的书，都是方法论的书，这些书确实能够立竿见影地教我们改善自己的生活。

这些书的作用和毛姆说的那段话正相反，它们都是既能帮你获得学位，也能帮你谋生；既能教你怎样驾船，也会教你怎样修机器，还可以让你生活得更充实的书。我以前是不屑读这些书的，但是后来我每读到一本好的方法论的书，都会发出惊叹，如果早一些读到这本书，我的生活将会发生怎样的变化！有一些人在某一个领域有研究、有建树，兢兢业业地写成书，如果正好符合你的需要，读过之后真的可以获得一些新的方法，可以解决生活中很大的问题，或者打开一片新的天空，多好啊，仅仅是一本书，太值得了，太有用了。

但是，很多朋友读了这些书之后会觉得，刚读的时候觉得特别有用，过了三天觉得还挺有用的，可是过了 30 天就忘记了，就像是没读过一样。怎么办呢？这就涉及阅读的一些方法。

首先，在读这些方法论的书的时候，我们可以做笔记，可以在书上做，也可以另外写下来，把你需要的干货、方法提炼出来，这是第一步，要真正读到书上的这些方法。

读到，这是非常重要的第一步。但很多人读完了一本书之后并没有读到，可能浮光掠影地读完之后大概有一个印象，知道这本书是讲什么的，但是说不出具体的方法，这就是并没有读到。

所以从“读”到“读到”，这就是第一步，很多人没有走过这一步。

第二步，读到之后就要去做，因为方法论要用起来才叫方法。比如《沟通的方法》这样一本书，教你如何拒绝别人、如何批评别人、如何表达感谢、如何倾听等等。我们首先读到了如何拒绝别人的种种方法，下回遇到同样的场景，就要试着用这样的方法去做。第一次肯定是不熟练的，可能很难用上，但仍然要继续去尝试。总结、复盘，第二次可能就会好一点。再比如经典的《非暴力沟通》，很多人听说过没读过；有很多人读过也知道，但是用不起来；也有少部分人读过，读到了，总结了，用起来了；还有更少的人用书中的方法替换了自己日常的沟通方法，把非暴力沟通内化成了自己的，替换了自己的整个思维体系、沟通体系，常年如一日地使用非暴力沟通的精髓来跟别人进行沟通，这个时候，他就真的脱胎换骨、改头换面了，整个人就散发出跟读这本书之前完全不一样的气质了。

所以，我们来看读一本书有几个阶段。

第一步，浮光掠影地读过一遍，大概知道这本书讲了什么内容。这是特别表面化的读，但是其实对很多的书，我们都停留在这个阶段，然后说我读完这本书了，对我没有什么改变。当然是不会有改变的，因为读得太浅了，没有读进去。

第二步，读到书中的精髓。比如读《非暴力沟通》，读到我们在表达的时候最重要的四个步骤：观察、感受、需要、请求，而且清晰了解这四个词的概念、定义，也知道我们在说话的时候不要去评判、不要去责备别人、不要去批评、不要用抱怨来代替请求等等。这是阅读的第二层境界，能够真正地掌握书中的精髓。

第三步，方法论的书光是掌握了精髓还不够，接下来就要去做。有做了一天两天，第三天读了一本新书，又忘掉了旧书了，这是一种状况。还有一种状况，是持续地一天天去做。这确实不容易，需要自知和觉察，每当我们偏离了想要做的这套方法，如能够知道，也能把自己拉回来，所以又有了阅读的第四层的境界，就是将书中的东西真正地内化成为自己的。

我们讲了阅读方法论的书，在各种类别的书中，这种书是比较容易读的，就分成这四种不同的境界：第一层是读到，把书读完并大概了解；第二层是知道，掌握了书中的精髓；第三层是做到，不仅掌握了书中的精髓，还采取了行动；第四层是内化，真正地把书中的精髓和做法内化，替换掉了原先那一套不那么好的方法，用新的方法来实践，到这个时候，我们才能说，我们把这本书真正地读成了自己的。

所以要把一本书读成自己的，真的不容易，需要一步一步来。当然，每一个境界都是好的，只要你去读，只要能够感受到一点点不一样的东西，能够在读的过程中会心一笑，或者眼前一亮，或者脑子里面有一点什么被砰地点亮了，都是好的，都是为你的生命加分的地方。

回到毛姆的这本《书与你》，对于这样一本单薄的小书，我们的读法是怎样的呢？第一步，翻一翻，看看他都提到了哪些书，哪些书我读过，他是如何评论的，跟我的看法是不是一样呢？他的看法对我有什么借鉴作用？有哪一些我没有读过？我来看一看，他是不是在推荐我们去读？

这是第一步。

第二步，从这本小书里面总结出毛姆的很多特点，比如他愿意选取哪些书，他对阅读有哪些观点理论，他对文学作品的解读有什么特点，我们可以看出他的哪些个性、特点或者文学上的特点等等，这是第二步，把这本书读得更深了。

第三步，也就是真的贯彻它作为一本书单书的作用，按图索骥去寻找他在书中提到的、我们可能会有兴趣的书去读，读完了再回过头来看，他的点评跟我的想法一致吗？

这样读下来，才真的是把这样的一本小书读成了自己的，才可以非常骄傲地拿着毛姆的这本《书与你》说，这本书真的曾经在我的阅读史中起过很重要的作用，它真的是属于我生命中的一本书。

至于一本书是否能够成为你生命中的一本重要的书，其实是要看缘分的。现在的书太多了，我们接触的、看到的、想读的书都非常多，真正能够跟你的生命产生链接，或者真正能成为你生命中的重要存在，这样的书是不会多的，你要在茫茫书海中慢慢地去找。但是，我们要扩大阅读量，尽量用我们的生命体验、人生阅历来读一本一本的书，找到越来越多的书纳入我们生命的版图，纳入我们人生旅途中的节点，让它成为我们人生旅途中的标志书，好像一个标杆、一个灯塔。

当你的生命中有越来越多这样的书的时候，我相信你对这个世界的认知也会越来越不一样，你对人性的领悟、对人与人之间的关系，对自己的理解和认同，都会越来越不一样。我们活在世界上，就是与自己的关系、与他人的关系、与世界的关系、与规则的关系，一本一本的好书能够帮你梳理这些关系，因为书就是把古往今来的一位位高人拉到你面前，跟你谈心，跟你亲切交流，这真是天下最大的好事。

最后，我希望我们都能够与书建立特别深刻的链接，构建特别亲密的关系，你与你所选择的那些好书成就一个更厚重、更有高度、更有深度的世界，不枉我们来世界上走一遭。

主持人：请您用简短的语言概括一下，您认为“阅读”是什么？

麦小麦：阅读就是与一位位高人的对话。这些高人可能远在天边，也可能近在眼前，文字和书把这些人引到了你的面前，当你全情投入去读这本书的时候，就深入了这个人的内心世界，去看他想要给你展现的故事，去看他想要告诉你的最深邃的思想，去看他想要教给你的那些也许你永远也想不到的方法。阅读就是你与高人之间交流的通道，我们通过阅读走向一位位高人，再通过这些高人走向更加广阔无垠的世界。

麦小麦“阅读”主题私享书单

《一生的读书计划》

〔美〕克里夫顿·费迪曼　约翰·S.梅杰　著
马骏娥　译
译林出版社　2018年版

这是美国的克里夫顿·弗迪曼和约翰·S.梅杰合作的一本书，是一个超级大的书单。它实在是非常大，而且还在不断更新中。这本书的好处就是对西方文史类的书概括得非常全，缺点是中国、东方的书还有所欠缺，但也不能掩盖它是一本很不错的书单书。

《30 年中国人的阅读心灵史》

孙月沐　总主编　张维特　主编
中国对外翻译出版公司　2010 年版

这本书非常小众，发行量可能不是特别大，很多人不太知道这本书，它是《中国图书商报》孙月沐老师和张维特老师主编的一本书，集合了很多人关于读书的随笔、散文，选编和提炼都很有高度，是一本非常精心选编的书。我觉得这是一本被严重低估的书，因为它是媒体主编的一本纪念文集，可能没有引起图书市场的注意，但这本书所选的作者和篇目都非常棒，值得一读。

这本书分为上中下三篇：第一篇是个人阅读心灵史，一些作家关于阅读的随笔，讲述阅读在他们的个人写作史、心灵史上起到了多么重要的作用；第二篇是阅读文化的流向变迁，是一些主题采访，以媒体的力量做了很多专题研究；第三篇是早些年中国阅读状况调研报告。现在全社会如此重视全民阅读，这样的报告真希望能够继续做下去。

《12 堂小说大师课：遇见文学的黄金时代》

陆建德　余中先　戴从容　等著
生活·读书·新知三联书店　2021 年版

这是“三联中读”做的一个音频课聚合而成的书，由 12 位小说的研究者、学者、教授分别讲解他们最有心得、研究最深的一位作家。这 12 位大师既是解读者，本身也是领域内的大师级人物，再由他们来解读 12 位大师的作品。这 12 位小说大师是普鲁斯特、伍尔夫、詹姆斯·乔伊斯、卡夫卡、劳伦斯、菲茨杰拉德、福克纳、博尔赫斯、加缪、卡尔维诺、马尔克斯、米兰·昆德拉，是非常重磅级的、也是广大读者特别喜欢的 12 位大师，解读也非常平易近人，非常适合大众读者阅读。

因为这本书来源于一个付费音频课程，特别考虑受众口味，无论在人物的选取上，还是解读的方式上，都是很容易接受的。所以这是一本很贴近普通读者、大众读者的书。

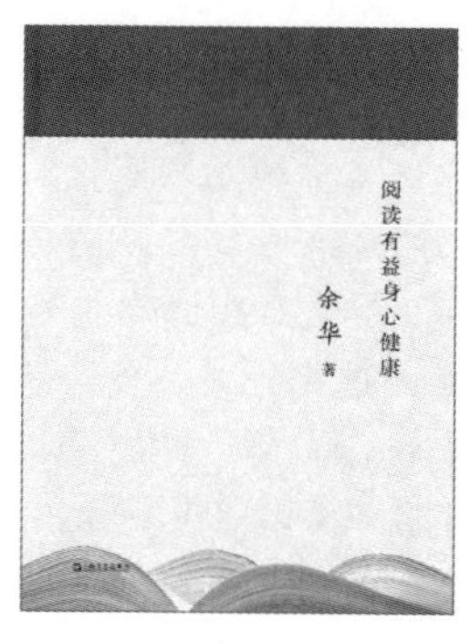

《阅读有益身心健康》

余华　著
上海文艺出版社　2021 年版

这本书是余华的阅读手记，讲了他的一些成长历程，包括他如何走上写作之路、如何读书等等。最近有一个他的短视频特别火，讲他为什么会走上文学之路。他刚开始是当牙医，每天要拔很多牙，他觉得好烦，看到文化馆的人不用上班，成天四处乱逛，就是在体验生活，他就暗下决心一定要到文化馆去上班。他想：他们写小说，我也会。他就写了个故事，被发表了，就获得了去文化馆上班的资格。他讲这个故事讲得非常生动。他还说，有一次在国外的一个大型文学论坛上，他、莫言、苏童等人都被邀请去讲自己如何走上文学之路，他就讲了自己这个故事，莫言也讲了他如何想要让自己生活得更好，才走上了文学之路的。苏童听完他们的就不肯上台了，因为只有他是一本正经地讲自己如何有文学理想之类的，他说早知道你们都这么讲，我也瞎编一个，我才不要这么一本正经地讲啥文学理想呢。

余华表达力很强，他讲出来特别好玩。我想在这些作家的心目中，文学还是有它非常重要的意义的，插科打诨只是说来好玩，其实写作是个非常累人的活，我相信，如果没有对文学的热爱，没有对表达的渴望，是坚持不下去的，也是不可能取得那么高的文学成就的。在每一个有成就的文学家眼里，文学都是非常崇高的，可以通往更高更远的世界，那个世界我们可望不可即，他们一直都在用文字、用他们的努力试图达到更加高远的世界。

《故事是这个世界的解药》

韩松落 著
中信出版集团 2021 年版

韩松落是一位作家、音乐人、影评人，他觉得故事就是一种整理世界的能力，他书中提到的“故事”既有书也有电影，他对电影非常了解，曾经是一个非常出色的影评人。

这也是一本非常好看的关于阅读的书，他说：整理世界的能力不只潜藏在内心，这种能力必然会溢出，帮助它的主人重新整理自己的形象，不管是从自身提炼，还是用一个个符号和自己拴在一起，这些作家都让自己变成了一个仅凭剪影就能被别人识别的形象，这是一种能力。他们有能力跳脱自身、打量自己，整理世界的能力和整理自身的能力，经常相携前行，一种能力投射在另一种能力上。

《你离更好的生活只差阅读这件事》

麦小麦 著
广西师范大学出版社 2020 年版

最后给大家推荐我自己的一本书。这是结合我多年的阅读心得写给大众读者的一本阅读方法论。我在书中写到我们如何找时间读书、如何选书、如何才能读得快、如何才能读得更深、如何与别人分享以及如何把书用起来这六个问题。我觉得一个大众读者关于阅读的问题通常不超过这六类，当然专业的读者又不一样，他们的问题会更深刻、更自我，也更个性化。

这本书写了我在阅读中的心路历程、阅读心得和方法总结，在每个章节后还附了一个小小的书单，比如 5 本时间管理的书、10 本好看的小说、5 本心理入门书等等，还有一个比较长的书单是关于阅读的书。这都是我喜欢的一些书，向大家特别推荐。希望我这本书能够给大家带来一些阅读的方法，能够让大家对阅读更加感兴趣，希望大家能够通过阅读成为更好的自己，拥有更好的生活，更加自在地生活。

小说的艺术

如何读懂经典

书与你

如何阅读一本书

阅读的故事

为什么读经典

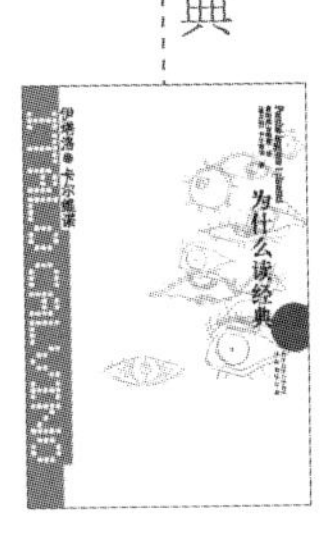

我的阅读观

书读完了

如何读，为什么读

阅读史

阅读的艺术

为什么读书

书与你

阅读之道的*12*堂课

《如何阅读一本书》

［美］莫提默·J·艾德勒 查尔斯·范多伦 著
郝明义 朱衣 译
商务印书馆 2004年版

莫提默·J·艾德勒（1902~2001）

以学者、教育家、编辑等多重面貌享有盛名。除了写作《如何阅读一本书》外，以主编《西方世界的经典》及担任1974年第十五版《大英百科全书》的编辑指导而闻名于世。

查尔斯·范多伦（1926~）

曾任美国哥伦比亚大学教授，后因故离任，和艾德勒一起工作。一方面襄助艾德勒编辑《大英百科全书》，一方面将本书1940年初版内容进行大幅度增补改写。因此，本书1970年新版由两人共同署名。

这是一本讲解阅读的方法和技巧的通俗专业书，作者强调阅读是一种主动的活动。作者将阅读分为了四个渐进的层次：基础阅读、检视阅读、分析阅读、主题阅读，以此通过逐渐深入的阅读增进理解力。同时，本书也介绍了阅读不同读物的具体方法，包括实用性书、想象文学、故事、戏剧与诗歌、历史、哲学、科学与社会科学等。

本书初版于1940年，1972年大幅增订改写为新版。不论什么时候读，都不能不叹服作者对阅读用心之深、视野之广。不懂阅读或初探阅读的人，读这本书可以少走很多冤枉路；对阅读有所体会的人，读这本书可以有更深的印证和领悟。

这是一本有关阅读的永不褪色的经典。

到自己四十四岁这一年才读这本书，几乎可说无地自容。之外，也不免深感懊恼：如果我在初高中青少年时期，就能读到这本有关如何读书的书，那我会少走多少阅读的冤枉路？

——郝明义

同一本书，我可以很迅速地、很简略地读，我也可以很认真、很细致地去读。那么这种把阅读的层次区分出来的这种想法，是《如何阅读一本书》这本书里边我觉得最了不起的一个说法。当然，像这样的说法从古到今很多人都讲过，并不足为奇。可是我觉得这本《如何阅读一本书》，它的好处就是它充满了很多的细节，写得非常清楚。这本书，我觉得是本大家想学阅读方法不错的一本工具书。

——梁文道

分享嘉宾
陈章鱼
书评人 得到APP『每天听本书』品牌解读人

做个聪明的读书人

——在网络时代重读《如何阅读一本书》

我是“得到听书”的专职作者陈章鱼。“专职作者”是得到APP自己发明的一个工作，我每天的工作其实就是读书、学习，写成稿件，向得到四千多万用户推荐值得阅读的好书，把书中有价值的内容用他们乐于接受的方式讲给他们听。在得到，有十多位同事从事这份工作。换句话说，我们是把读书和讲书当作职业的人。

既然读书是我们一直从事的一个事业，而读书、讲书又是我们安身立命的一个手艺，所以我们非常重视也非常愿意去学习各种各样好的读书方法，也在关注市面上各种各样谈读书、能够帮助我们读书的书籍。在这么多的书籍当中，最值得学习、阅读的一本阅读指导书，没有之一，就是今天我要跟大家分享的这本《如何阅读一本书》。

我强烈推荐大家读一读这本书的序言，了解一下这本书悠久的历史，同时也了解一下这本书的两位作者，他们都各自拥有一段非常传奇的人生。

举一个例子，大家就能了解我们是多么喜欢也多么重视这本书。大家可以在得到APP上搜索《得到品控手册》，这是我们内部的工作规范，可以说我们所有压箱底的工作方法都在里边。这其中，凡是与书有关的方法和理念都大量参考了《如何阅读一本书》。当中有一篇《如何快速判断一本书是否适合解读》是我写的，里面关于如何快速地读一本书、快速了解这本书是不是一本好书、是不是值得去解读，就参考了《如何阅读一本书》中的“检视阅读”的方法和步骤。

总的来说，《如何阅读一本书》这本书虽然已有几十年的历史，但是其中的方法和阅读理念，在今天对于我们依然非常重要，非常值得我们学习和借鉴。这也是为什么，我们要去聊这本书。

我分享的主题是：做一个聪明的读书人——在网络时代重读《如何阅读一本书》。为什么要加这样的一个前缀？因为距离《如何阅读一本书》写成的年代已经过去了半个世纪，我们对于书籍、对于知识的需求，乃至整个社会都发生了翻天覆地的变化。

我们常说书籍是精神食粮，在过去的半个世纪当中，不论是物质食粮，还是精神食粮，都发生了巨大的变化，甚至于完全扭转。比如说，我是“80后”，我的父亲是“60后”，我和我父亲差不多一样高，但是他特别瘦，我却是一个胖子，基本上有两个他那么重。因为我的父亲出生于60年代的农村，家里条件并不是很好，经历了物质匮乏的年代，以至到了今天，他的胃都不是特别好，就一直很瘦。我出生的时候赶上了一个物质极大丰富，甚至是过于丰富的年代，就把我“丰富”成了一个胖子。在我父亲的年代，只要多吃，只要抓住所有机会去吃所有能吃的东西，就是对自己健康最重要的保证。但是到了今天，一味多吃就并不是健康的了，我们对于饮食和健康的理念发生了180度的扭转。

精神食粮方面也是如此。在这个时代，书籍对于我们来说已经是过于丰富了，不像我父亲所在的年代，对于他来说，抓住一切机会看所有能找到的书，就是对自己知识进步和认知提升最重要的保证。但是在今天这样一个信息爆炸的年代，我们去看所有能找到的文字、读所有能读的书，就可能陷入一个信息的汪洋之中。

这就是为什么我要在今天给《如何阅读一本书》加一个前缀“在网络时代重读《如何阅读一本书》”，而且我们要“做一个聪明的读书人”。半个世纪之后，我们所面临的情况，不管是我们所能获得的知识、拥有的手段和面临的挑战都发生了变化。这个时候，这本书中哪些内容是我们要继续吸收、继承的？又有哪些是它不能给我们的，我们要找到其他的方法给这本书做注解和补充的？这些都是我想跟大家交流讨论的。

一、今天这个时代，为什么我们依然需要阅读

在讨论这些问题之前，我想先花一点时间讨论一个更前置的问题，甚至可能更具爆炸性的问题，就是在今天这个时代，为什么我们依然需要阅读？

也许有人会问，在我们今天所处的多媒体时代，有这么多的媒体手段、信息来源、人与信息交互的方式，阅读会不会已经显得过时了？已经有了那么多获取知识的手段，有了那么多向优秀的人学习的渠道，我们还需要书吗？或者说，在今天这样一个大家的时间变得越来越紧张的环境中，对于讲求效率的学习者来说，读书还是一个最优的选择吗？

我的答案是，阅读依然是这个时代获取知识、经验、思想和方法最具性价比的方式。我有四点理由。

（一）让我们从时间的角度来看

人类捕捉声音和影像的历史不过一百年出头，在此之前，至少有三千年的时间，书籍和文字几乎是人类传承经验、方法、思想和理论的唯一手段。虽然从甲骨文进化到竹简，又从竹简升级为纸张，再从纸张变为电子屏幕，但那只是载体的变化，内核一直没有变化，我们都是在

通过阅读文字去获得前人的思想和经验。

三千年以来，我们积攒了大量宝贵的精神财富，虽然随着互联网的兴起，很多人试图用声音和影像的方式转述这些财富，但是我们必须承认，这是个大工程，想要完成还远远没有尽头。

就以得到 APP 为例，“得到听书”是用半个小时的时间为你推荐一本书中最值得阅读、了解的内容，我们也会请更具专业性的老师和解读者，站在比这本书更高或者更新的角度为一本书做一些补充。到目前为止，我们已经解读了超过 2700 本书，这已经是一个不小的工程，大概花了四年的时间。但是这 2700 的数字，跟 3000 年来积累的好书的数量相比，只能说是沧海一粟。想要把整个人类的书籍宝库做声音化或者影像化的转述，还需要投入更多的时间。所以在此时此刻，在当下这个时间节点，想要更快地进入人类的知识宝库，更多地了解人类历史积累下来的经验和知识，最好的钥匙依然是书，最好的方式也依然是阅读。

（二）让我们从金钱的角度来看

让我们开一个脑洞，假设我们的主办方有了通玄的神力，可以超越时间和空间，邀请我们这个星球上在世的、乃至曾经存在过的最优秀的头脑，来为大家进行一个分享。比如孔子、柏拉图、释迦牟尼、爱因斯坦，你愿意花多少钱去买这样一个机会来听他们分享？相信不止一百、一千、一万，甚至十万、一百万，都有人愿意掏钱听他们聊他们知识的精髓。

可惜，这仅仅是个脑洞，我们请不来他们。但是我们多多少少是有一些超越时空的神力的，而且花费便宜得多，这个方式就是阅读。大概花一个汉堡的价钱，我们就可以获得这种穿越古今的能力，就可以获得一个伟大的思想者、学问家用一生迸发出来的火花。

所以从这个角度上来看，读书也是一件超值的事情。

（三）让我们从作者的角度来看

马克思说，商品价值是无差别的一般人类劳动的凝结。对于知识的价值，我们也可以套用这样的定义，知识的价值往往也取决于无差别的一般人类的智力劳动。互联网的兴起让知识可以快速传递，但是平心而论，和传统的书籍作者相比，基于互联网的知识工作者投入的时间、精力和知识的浓度还是远远不如。

我在得到 APP 工作之前，运营过自己的自媒体，大概有超过十年的时间在做互联网的知识工作者。我曾经想要去写一本书，我以为我在互联网上写文字也有十年了，写一本书应该不会太痛苦，但是当我实际动笔的时候才发现，当我以书的标准去要求自己的时候，会比互联网对文字的要求高很多。很多时候，互联网不仅有知识的传导，同时还会有陪伴感，这个陪伴感会稀释知识的浓度。所以即使是互联网上声名鹊起的作者，我也不太愿意去追更他的公众号，而更愿意去买他的文集。因为我觉得，任何人都会对一本书投入更多的精力。

得到 APP 也是如此。这几年，我们陆陆续续推出了很多精品课程，同时也会把这些课程变成图书，就是得到的“讲义系列”，比如《薛兆丰经济学讲义》《刘擎西方现代思想讲义》等，陆陆续续已经出了十多册。

图书的编辑所用的心力，远远不只是把录制课程的逐字稿汇总到一个 word 文档，就变成了一本书，而是要经过大量的编辑，甚至是对文字精雕细刻，经过大量时间，才能够把一个课的内容浓缩到一本书当中。所以当作者面对一本书，去进行这样产出的时候，他也会有更高的知识密度。

（四）让我们从读者的角度来看

我们发现，互联网既是我们的福音，也是魔咒。互联网让世界连通起来，让空间和距离变得可以忽略不计，但是互联网也是有代价的，最显著的一条就是互联网的出现让注意力成了这个时代最宝贵的资源。互联网上有海量的内容和知识可以让我们去学习、阅读，但是我们同时也在互联网上迷失了自己，大量的信息变成了洪流，我们甚至还没来得及进化出强大的专注力去抵制这种诱惑。这就是为什么即使同样的一本书，如果它被电子书化放到了网上，读起来也会比一本纸质书更让人分神。

这也是为什么像 Kindle 这样一个几乎是反常识的电子产品能存在，因为它只能读书，它只有这样的一个功能。得到 APP 去年推出的阅读器也是这样的，我还为它写了一句非官方的推广词："它的缺点是只能读书，它的优点是只能读书。"

为什么"只能读书"变成了一个优点？就是因为在互联网时代，专注力、注意力成为我们最宝贵的资源。为了不让我们迷失在信息的草原上，为了拯救我们已经支离破碎的注意力，我们也需要阅读。

这就是我给出的四个理由，为什么在现在这样一个信息越来越丰富、媒体手段越来越丰富的时代，我们依然需要阅读。因为这个时代，书籍是进入知识宝库的钥匙，书籍是与伟大的人交流的魔法，书籍是更具密度的知识载体，书籍也是拯救我们注意力的福音。

讨论完这个问题之后，我们就可以更进一步去聊《如何阅读一本书》这本书了。因为在这个时代阅读依然还是有意义的，而且对于我们来说有巨大的意义，它是这个时代获取知识、经验、思想和方法最具性价比的方式和手段，所以我们才要花更多的时间去好好了解阅读的方法，让自己变成一个更聪明的读书人，让自己能够花更少的时间从书中获得更多。

二、我们可以从《如何阅读一本书》中学到什么

我想跟大家分享的第二个问题，是在这个时代，我们可以从《如何阅读一本书》这本书当中学到什么？我们可以从这本书当中学到很多具体的方法和技巧，《得到品控手册》中关于读书的内容就从中获益良多，

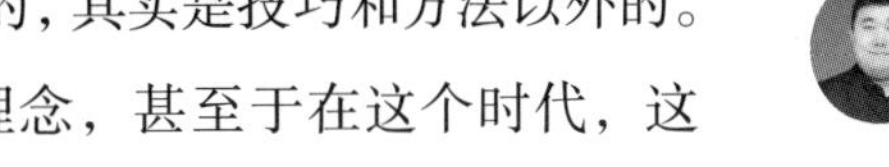

但是今天我想要跟大家更多地去探讨和交流的，其实是技巧和方法以外的。

这本书给我们传递了两个非常重要的理念，甚至于在这个时代，这两个理念比在当时更重要。

第一个理念来自这本书的第一章，一开篇作者就提出了一个价值千金的结论：“阅读者在阅读的过程中越主动，效果越好。”

我觉得“主动”这两个字真的是价值千金、非常关键。

今天，我们可以在市面上看到很多关于阅读的方法、理论和工具，那么如何才能确定哪些是对自己真正有效的呢？我觉得可以用主动这两个字去做筛选。很多时候，阅读的方法、工具和理论的效果是因人而异的，我们没有办法给出一个客观的评价，只能每个人挑选自己最合适的。怎么叫作最合适的？其实就是哪些方法、理论和工具最能激发起你的心理的主动性，那么它就是最适合你的。

主动这件事情还传递了另一个与很多人的想象相反的理念，那就是我们的阅读其实应该是带有目标的。很多人可能对这件事情是不同意、甚至是抗拒的，会觉得阅读如果是有目标的，那么我就是一个很功利的人，我的阅读就变得是功利性的。可能很多读书人都会抗拒进行这种功利性的阅读，但是实际上这整个逻辑多多少少是有点问题的。且不说为了功利去阅读是不是真的是一件坏事，即使你抗拒功利的阅读，也只是在抗拒功利的目标，而不能完完全全地去抗拒目标，每个人都是带着目标去学习才会变得更好。因为阅读是一种主动发生的行为。我从来没有发现能够把读书当作下意识行为的人，可能是我见识浅薄，至少在我周围没有见过这样的人。换句话说，我们打开书的那一刻，心底一定是有所求的。那么，到底求的是什么？更多的是希望自身的改变，我们读一本书或者一套书，会对自己变成什么样子有一个设想。我们也许是想变得更智慧，也许是想变得更快乐，也许是想变得更有方法，也许是想变得更有眼界，所有这些设想都没有问题，最重要的其实就是我们如何去主动，那就是我们把这些设想真的挖掘出来，把它变成我们的目标。

即使我们不挖掘出这样的一个目标来，即使我们没有探究目标，我们的潜意识中也还是会带着目标去阅读的，那么这个时候我们的潜意识会自动设定一个最低标准的目标，就是“把书翻完”。恰恰是这样，这种非功利性的阅读往往会让我们对阅读这件事情越来越灰心。恰恰是因为我们不愿意承认我们的阅读目标，我们的潜意识反而就会用一个“把书翻完”的目标引导我们接下来的阅读。这个时候，把书翻完了，我们就认为阅读已经完成了。但是，不管获得了多少、记住了多少，我们也提不起力气来把这本书重读一遍，因为我们的潜意识认为目标已经达成。

所以从这个角度上来说，这种不去设定目标、没有那么主动的阅读，某种程度上是在浪费我们的时间，是在让我们用一种很低效的方式阅读，无法让我们吸收这本书当中那些有价值的内容。所以，带着目标主动地进行阅读，对于我们来说是非常重要的，尤其是在今天这个互联网时代，目标对于阅读来说是更加重要了。

我们把它细致地拆分一下，有目标的阅读会给我们带来三个好处。

（一）我们可以用目标去管理我们的内驱力

我们可以回想一下，我们做一件事情的动力来源于哪里？往往来源于两个方向，一个方向是外部的限制力，另一个方向是自己内心的驱动力。而当这两者发生矛盾的时候，往往是内部的驱动力打败外部的限制力。所以我们做任何一件事情最根本的内心驱动力其实就是来自目标，当我们没有目的地的时候，也就没有动力去往远处走了。

读书也是一样，很多人的误区是带着“世界那么大，我想去看看”的想法去读书，但是如果他没有一个明确的愿景，那么自然就没有驱动力。换句话说，如果只是想去读书，但是没有一个更明确的目标的话，那么就真的没有那么多阅读的动力。

我们的目标可以变得更明确一些，比如问自己这样的问题：我希望从书中获得什么？我希望通过读书帮助我成为什么样的人？我希望借助

书籍解决我哪些问题？哪怕是想发现一个更大的世界，我想在书中发现的是一个怎样更有趣的世界？这些问题越清晰，我们就越知道要读什么样的书，就越有方向，同时也越有动力。

（二）我们可以用目标去管理自己的注意力

如上所说，注意力成为互联网时代我们每个人最稀缺的资源。没有时间读书，没有精力读书，可能也是身处现代的读书人最大的焦虑。而且我觉得这可能是一个在今天无解的问题，很多人都会觉得自己想读的书太多，但是没有时间全部读完。

现在的新书实在是太多了，按照国家有关部门的统计，仅仅是在中国大陆，每年就有 30 万种以上的新书投入市场，大概相当于每隔一分半钟，中国大陆就多了一种新书。这是一个非常恐怖的数字。在这样的前提之下，我们必须要去承认一个事实，就是好书是读不完的。

如果我现在跟你说，这个世界上有 99.99% 的书是不值得去阅读的，你可能会觉得我太武断了。但是，如果我们做一个简单的数学计算，你每年能够读多少书呢？就算是一个非常厉害的读书人，或者说他把所有的时间都拿去阅读，一年的时间，每天读一本，一年能读 300 多本，这已经是一个非常了不起的数字了。但是每年 300 多本和 30 多万种相比，就是 0.01%，还真的就剩下了 99.99%。

所以换个说法，我们可能会更容易承认，每年有 99.99% 的书，也许是好书，也许不是好书，也许值得阅读，也许不值得阅读，但是对不起，我们真的没有时间去顾及它们。

现在这个时代，时间管理已经成为一门显学或者说每个现代人的必修课。时间管理的方法和工具有千千万，但是实际上它的内核用一句话就可以概括，就是用对的时间去做对的事情。什么是“对的时间”，会有很多时间管理的书籍、有各种各样的方法帮我们去挖掘。但是，什么是“对的事情”？这个评判的标准可能就只能跟你的目标去挂钩。每个人的目标不同，对于对的事情的标准就不同，甚至于对于好书的标准也不相同。

我们一直想要去做这样一件事情，就是能不能拉出一张书单来，不管是一百本、一千本甚至一万本，一个当代的成年人，只需要去了解这些知识，只需要去读这些书，就可以解决生活中遇到的所有问题，就可以成为一个无所不能的人，或者就可以成为一个至少在自己的人生中非常顺利、无往不利的人。但是很遗憾，哪怕是一万本的容量，我们可能也没有办法去列出这样的一个书单来，因为我们每个人的目标是各不相同的。

我有这样的一段经历，我在大学的专业是电气工程，毕业后还做过几年电气工程师。我大学毕业论文题目是《电梯曳引永磁同步电机低速下的转速检测与控制》。你也许会想这是什么鬼？“电梯”还认识，后边的“曳引”“永磁”就已经不知道是什么了。没关系，反正它是关于电梯的，你只需要了解，你一按电钮，电梯就稳稳当当地把你送到目的地。你不需要去了解这门知识，甚至都不需要知道世界上有这门知识存在。

但是，对于当时上学需要毕业的我，或者是做了几年工程师的我来说，如果有一本叫作《电梯曳引永磁同步电机低速下的转速检测与控制》的书，对于我来说一定是非常重要。我的毕业、找工作，之后的工资、社会地位，可能都基于这样的知识。可是对于另一个人，他可能都不需要去翻开这本书，甚至都不需要知道这个世界上有这样一门学科。这就是因为我们的目标各不相同，所以我们对于好书的标准就会完全不同。

（三）我们可以用目标去管理自己的行动力

很多时候，我们读书都会有一个这样的疑惑，我们不可能在一本书当中死磕到底，不可能花那么多的时间就在这一本书上，我们当然希望有一条“及格线”能告诉我们，什么时候就够了？我在学习某一门知识的时候，什么时候就算学明白了？什么时候就算学到家了？

上学的时候，我们是有一条很清晰的及格线的，但是到了现在，很多时候，我们就必须要自己给自己设定一条这样的及格线，而这条及格线往往就是和我们自己的目标对应的。我们只有用目标去和自己当下的状态相对照，我们才能够了解我们知识内化的程度，才能够知道是应该继续去学习，还是已经到位了。

这就是我想跟大家分享的我从这本书中获得的第一个启发，我觉得这对于我们今天在互联网时代做一个聪明的读书人是最重要的一件事情，那就是阅读越主动，效果越好。“主动”就需要我们带着目标去进行阅读，用目标去管理我们的内驱力、注意力和行动力，我们才能够变成一个能从书中更高效地获取知识的读书人。

我从《如何阅读一本书》这本书中获得的第二个启发，是这本书中的一段话：“阅读一本书应该像是你与作者之间的对话，有关这个主题他知道的应该比你还多，否则你根本用不着去跟这本书打交道了。但是了解是一种双向沟通的过程，学生必须向自己提问题，也要向老师提问题。一旦他了解老师的说法后，还要能够跟老师争辩，在书上做笔记，其实就是表达你跟作者之间相异或相同的观点。这是你对作者所能付出的最高的敬意。”

为什么我觉得这部分的内容非常重要？因为这其实跟我们之前受的教育多少有一些相悖，我们会觉得我们对一本书最高的敬意，是一字不落地去学习和接纳。但是《如何阅读一本书》给我们传递的最关键的理念，就是我们要带着批判性思维跟这本书进行对话、交锋甚至碰撞，然后我们也许是被他说服，也许是找到了他的错误。这样一个对话交流的过程，才是最值得我们进行的阅读，也是我们对于书最高的敬意。

很多时候我们还没有像书中所说的一样，产生这种对话的意识，产生能够交锋的批判性思维，所以我们对于很多知识和内容的态度是比较混沌的。这种混沌的代表其实就是国学。

这就是《如何阅读一本书》当中两个给我最大启发的理念，是对今天的互联网时代的阅读来说非常重要的、甚至是必须要建立的两个观念。其实这两个理念合在一起，是让我们去做一个非常重要的读书角度的变换，就是从“由书到我”变成“由我到书”，就是把你的中心从一本书放到你自己上来。

什么是“由书到我”？其实就是我们在上学时的状态，几年级应该读什么样的书、学习什么样的课本，都安排好了，我们只能拿着这些课本、教辅和作业本，去读这些相关的书籍。久而久之，我们会产生一种误解，就是这些书是最重要的，我们要为这些书服务。

但是，如果我们去回溯一下真实的逻辑，那些课本也并不是凭空出来的，是优秀的教育家们、优秀的老师们代替我们去完成这项任务，他们也是根据他们的想象，希望我们成为什么样的人、走入社会之后应该有什么样的技能，再依照这样的设想为我们选择了应该学习的科目，设计了我们要阅读的课本。今天，我们已经走出校园了，我们从一个被动的接受教育的人，开始变成了一个主动的学习者、一个自我教育的人、一个终身学习者。这个时候，我们恰恰应该让逻辑回到它最初应该有的状态：让书籍为我们服务。

我觉得这是《如何阅读一本书》这本书给我们最重要的启发，尤其是在今天这样一个互联网时代、这样一个知识爆炸的时代、这样一个信息已经变成洪流的时代，这个启发是更值得我们去学习和继承的。

三、我们能为《如何阅读一本书》补充什么

要跟大家讨论的第三个问题是，半个世纪过去了，我们的理念、所处的环境也有了巨大的进步，《如何阅读一本书》当中没有解决的问题或者解决不好的问题，有没有更好的手段去进行补充、迭代或者进化？

我觉得是有的。最重要的一点就是今天我们有了更丰富的手段，可

以通过输出帮助我们吸纳和内化一本书。

大家也会有这样的感觉，当你给别人讲一遍你刚刚读过的书，你对这本书的理解，至少是记忆会变得更深一些，其实这是一个教学相长的过程。所以通过输出来内化一本书是一个非常高效的读书方法，只是在作者写就《如何阅读一本书》的那个年代，他所能够有的输出手段非常有限，只能在书上去做笔记、做一些摘抄，这是书中所提到的根据当时的技术条件他所能够推荐的方法。我们今天在互联网时代，有了更多的平台和手段，可以建立一条“内容流”去进行这样的输出。

什么叫作内容流？大家有没有尝试过记录一下自己是如何写一篇文章的呢？你的思路是如何推进的？你会发现，我们往往是从碎片化的观点开始，观点积累得足够多了之后，它们之间相互呼应，就变成了一个段落，然后段落和段落之间开始组成文章。当你积累的文章足够多，它们之间又有了呼应，慢慢就会变成一本书。它是从下到上这样一个堆积起来的过程，你会发现创作的过程就是不断地去积累点滴，最后汇集，就像李宗盛的歌词：“说不定我涓滴意念，侥幸汇成河。”

传统的创造者只会把汇集完成、去粗取精后的最终成品展示给大家，也许是一篇文章，也许是花了几年时间完成的一本书，而把涓滴意念的过程留给了自己。但是今天我们作为一个聪明的读书人，如果是站在一个希望能够更好地吸纳和内化书中内容的角度，那么我们恰恰应该建立一个内容流，把整个思路、想法汇集起来的过程展示给大家。

我所说的内容流，就是我们可以找到一系列的平台，把你从点击开始、一直汇集成一条大河的一步步的思考都展示出来。

以我自己为例，我的内容流是按照微、轻、中、重这四个量级来划分的：

微量级，比如朋友圈、微博、得到的知识城邦等，在这些平台，每次可能发表 200 字以内的文字；

轻量级，就是发表在自媒体平台的以 1000 字到 2000 字的文章为载体的内容，同样，你也可以在得到的知识城邦、自己的微信公众号或者长微博发表，哪怕在朋友圈也可以进行这样的发表，这就是你之前在微平台微量级的汇总；

中量级，对我来说最有代表性的可能就是我日常的工作，用30分钟的时间解读一本书，我就需要写一篇8000字左右的文章，包括今天的分享，我也会写一个非常完整的逐字稿，大概是1万字；

重量级，就是去写成一本书了，那就是以10万字为单位去写作。

一个典型的内容流的产生，很多时候也许是我读了一本书，产生了一个疑惑，也许是我们可爱的用户向我提了一个问题，我就由此去思考，产生了一个念头，它可能就会变成一个微量级的分享。这些东西回答多了之后，感觉可以用一篇文章来说清楚，那么它就变成了一篇文章，一个轻量级的内容。感觉几篇文章又说清楚了一个大问题，那么我又可以把它们汇总在一起变成一个大的主题。就像我们今天谈关于《如何阅读一本书》的这些内容就变成了一个中量级的分享。我更希望，当有一天积累了足够多的内容，我也可以写一本中国版的、更适合我们今天和中国国情的《如何阅读一本书》，那么我就完成了重量级的内容产出。

这样的方式会比以往我们通过划线或者做笔记有更多的好处。

一方面，我们可以把所有的念头都收集起来。对于我们来说，我们想要找到一本书的内容会变得更简单，但是因为我们在阅读的时候注意力会变得更分散，所以想回溯自己的想法就变得更困难，我们也没有办法用搜索引擎去搜自己的想法，但是通过这样的内容流，我们可以把自己这些点睛的念头都收集起来。

另一方面，在这个过程当中，我们还能够更快地获得正反馈。比如说今天这场分享，就是之前我想过的问题，或者跟朋友讨论的问题一点一点汇集起来的。如果你觉得我说的有道理、有收获，你也愿意找到我、把你的问题交给我，我们就可以进行更多的探讨。反过来，我也会收获更多、有更多的想法。

我所有的内容都是从一条 100 字的微博或者一条朋友圈开始，由小到大滚雪球的一个过程。在这个过程当中，我每走一步都会获得一个里程碑式的反馈，要比我花几天时间写成一篇文章，或者花几年时间变成一本书才收获正反馈会更快。所以，通过这样的方式，我们就可以把阅读变成一件更有正反馈的事情，所有我们从书中所获得的想法、学习到的东西，都可以表达、分享出来，同时影响到其他人，我们就能从其他人那里收获更多的正反馈。

这就是在今天这样的技术条件下，我们能比《如何阅读一本书》书中给到的方法，做得更好的地方。

网上流行一句话："一个人要活得像一支队伍。"如果让我说的话，我更觉得一个人应该活得像一条河流，你要孜孜以求地去读书、学习，让你的源头鲜活起来，你还要不懈地去表达、创作，去为人类知识海洋增加一滴水，而在这样的过程当中，你也会变成一股磅礴的力量。

我觉得我们很幸运，没有任何一个时代会像今天这样，让我们可以毫无障碍地去触碰知识的源头；也没有任何一个时代会像今天这样，让我们能有许多方式将自己的思考表达出来。我希望，我们都能够通过好的方法，让自己变成一条知识的河流，不辜负这个时代。

主持人： 请您用简短的语言概括一下，您认为“阅读”是什么？

陈章鱼： 就像我在一开始给出的答案，我认为阅读是这个时代获取知识、经验、思想和方法最具性价比的方式。当然我们还可以让阅读承担更多的功能，只不过在今天这样一个越来越丰富的时代，那些娱乐、放松的功能有其他的载体，但是在获取知识、经验、思想和方法这方面，我觉得阅读所拥有的这种力量在当下还是无法替代的。

陈章鱼“阅读”主题私享书单

既然今天跟大家交流和讨论的是《如何阅读一本书》中读书的理念和方法，那么我要给大家推荐的书单也是关于读书的好书。

《越读者》

郝明义 著 张妙如 图
人民文学出版社 2009 年版

郝明义是台湾的著名出版人，也是《如何阅读一本书》这本书的译者，是第一个把《如何阅读一本书》带到中文世界的人。可以说，他的这本《越读者》恰恰就是一本当代中文版的《如何阅读一本书》，它对于今天面临着读书挑战的我们，在《如何阅读一本书》的理念之上做了有机的补充。

所以我强烈建议大家将《如何阅读一本书》和这本书对照着看。而且因为它是中国人写的，所以读起来会比翻译过来的书更亲切。

《古今名人读书法》

张明仁　编著
商务印书馆　2017年版

这本书很好玩，是20世纪40年代编辑成的、像小百科或者小词典的一本书，收集了中国尤其是古籍中大概300多位名人的读书心得，上至《论语》中孔子谈读书的心得，一直到民国蔡元培先生、胡适先生对于读书的理念，可以让我们看到从古至今关于读书的变化。

《读书指南》

梁启超　著
中华书局　2019年版

这是一本梁启超先生关于读书的文章的汇总，由中华书局编撰。因为我们刚才聊到了国学，所以推荐大家去读其中的一个篇目《国学入门书要目及其读法》。这也差不多是胡适先生提出“整理国故”的年代，当时的一批清华留学生们请梁启超先生开的一个书单。作为已经具有现代意识的青年学生，他们和今天的我们在知识构成和理念上没有太多不同，他们想要了解我们中国古代有哪些精神财富？国学当中有哪些知识是最值得了解、最值得阅读的？读什么？怎么读？花多大的力气去读？梁启超先生在这本书当中都给出了非常精彩的指导。

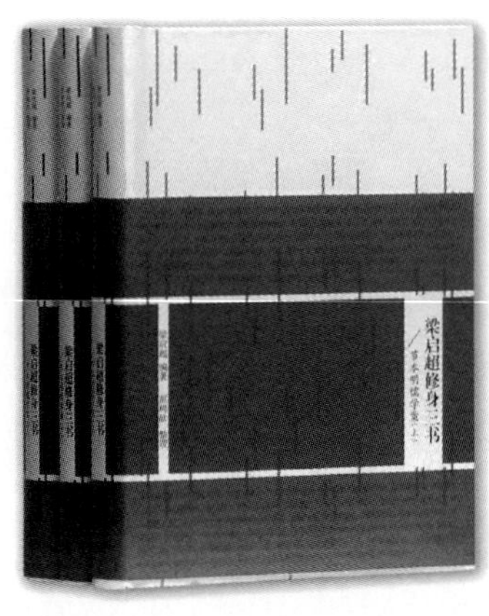

《梁启超修身三书·节本明儒学案》（三册）

梁启超　编著　彭树欣　整理
上海古籍出版社　2017年版

《明儒学案》是在思想史上非常有地位的一套书，由明末清初的大儒黄宗羲编撰。《明儒学案》更多地站在思想史的角度，对整个明代的大儒大家的思想、地位和生平做了一个完整的总结，梁启超先生把《明儒学案》进行了删减和缩略，所以就叫节本，是删减本的《明儒学案》。

为什么要推荐这么一套好像很偏、也不是做相关的知识研究的人可能感兴趣的书？因为这一套书中蕴含着我们中国人读书和学习的方法。

说句实话，刚才给大家推荐了《古今名人读书法》这本书，但是最开始拿到这本书的时候，我多少有一些灰心和失望，因为我觉得我们中国是一个有着2000多年不间断读书历史的民族，应该积累了很多做学问和读书的方法，但是为什么一本不到300页的小书就把从孔子到蔡元培等所有人的读书方法都汇集在一起了？为什么好像中国人只在意苦读书而不在意读书的方法？

但是就如《四书·大学》所说"修身齐家治国平天下"，从自我修养到道德培养、一直到政治抱负和人生理念的实现，我们中国人是一以贯之的，所以我们会认为读书是学问，是在我们人生中一以贯之的，所以很少把读书这件事情单拎出来，当作一个主题去进行分享。

中国人所积累的那些好的读书方法，尤其是我们怎样真正地把读书和人生实践结合起来的这些方法，梁启超先生把《明儒学案》当中这些大学问家的方法都汇总在了这本书中。

《查令十字街 84 号》

〔美〕海莲·汉芙　著　陈建铭　译
译林出版社　2016 年版

这是一本让我非常感动的书，我几乎每年都会读一遍。这本书是二战之后一个美国姑娘和一个英国古书店店员的通信集。这个姑娘在书店邮寄买书，同样爱书的两个人开始写信交流，长达 20 多年。因为相隔重洋，直到店员去世，两个人都没有见过面，但是他们成了非常好的朋友。我觉得这是会让爱书之人非常感动的一本书，通过读书让所有热爱读书的人汇到一起，这个故事让我觉得非常温暖。

《当图书进入战争》

〔美〕莫里·古皮提尔·曼宁　著　犹家仲　译
广西师范大学出版社　2017 年版

这同样是一个让我非常感动的关于读书的故事，而且更加震撼人心。

它讲的是二战时纳粹德国在欧洲进行了残酷的政治统治和思想管制，在欧洲销毁了将近一亿册图书，但是很让人觉得振奋的是，在大洋彼岸的美国，人们发起了一个运动，那些进入欧洲战场的盟军士兵们向欧洲的人们捐赠图书，后来演变成专门印制的方便他们携带的图书。整个二战期间，他们向欧洲战场投入了 1 亿 2000 万册的图书，由此又产生了很多动人的故事。

我觉得这是一个让我觉得非常振奋又非常热血的故事，它不只是一个读书人投笔从戎的故事，更是读书人用读书人的方式进行着一场热血战争的故事。你销毁了 1 亿册图书，我就要向整个欧洲大陆还 1 亿册乃至 1 亿 2000 万册的图书。这是一场关于读书的战争，又是一场读书人打赢的正义的战争。这个故事是值得我们了解和铭记的。它让我们了解到，在最艰难的时刻，书能给我们怎样的意义。

《嗜书瘾君子》

〔美〕汤姆·拉伯 著 陈建铭 译
上海人民出版社 2007 年版

这本书的幽默，是读书人才能够了解的幽默。比如说我们常说“买书如山倒，读书如抽丝”，我们经常会囤积各种各样的书，当在书店里看见一本好书，因为是不同的版本，或者这本印刷更精美，我们还是要买回重复的一本。所有这些小心思和小乐趣，都在本书中有所体现。如果你是一个特别爱书的人，你能看懂这本书中的笑话，你会觉得这是一本非常有趣的书。

《智识的生产技术》

〔日〕梅棹忠夫 著 樊秀丽 译
商务印书馆 2016 年版

这本书其实也很老了，跟《如何阅读一本书》差不多写于同时期，可能还要早一点。

梅棹忠夫是日本的一位民族学家、社会学家，在书中他谈到他做学问的方法，从阅读到写作到知识管理的方法。他的所有技术都已经过时了，他甚至教我们如何用复写纸备份手稿，在这本书中最先进的技术是打字机，所以你能看到这本书到底有多么的古老。但是这本书有趣的地方在于，它所传递的关于智识管理的理念到今天依然没有过时，依然非常先进。

将今天互联网上的智识管理的工具和这本书相对照，我们会发现，很多工具还是在实践着这本书中的理念。

如果大家希望不只是去了解读书，还能够让自己有一个更长生产知识的链条，包括知识的总结、梳理和积累，一直到知识的输出，变成文章乃至专著。就如这本书的标题，“智识的生产技术”怎样才能是高效的？有哪些方法、工具能够帮助我们在这条路上走得更顺利、更有效率？那么这本书中的理念是非常值得去学习的。我强烈建议把这本书和《如何阅读一本书》放在一起去学习。

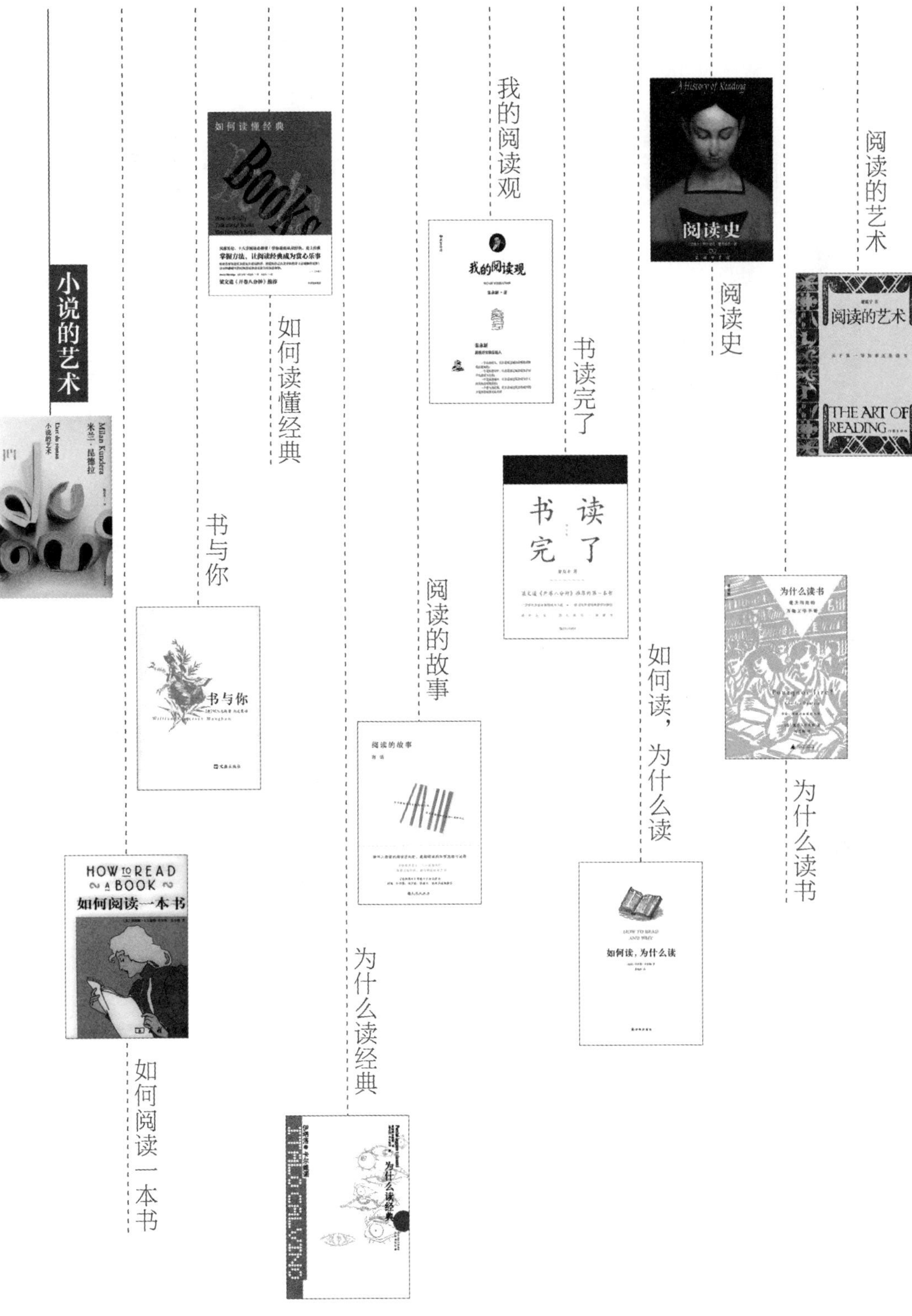

书与你

阅读之道的12堂课

《小说的艺术》

［法、捷克］米兰·昆德拉 著　尉迟秀 译

上海译文出版社　2019 年版

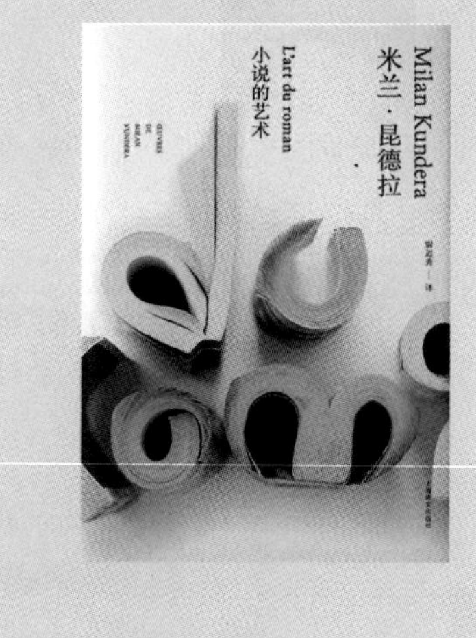

米兰·昆德拉（Milan Kundera）（1929~）

小说家，出生于捷克斯洛伐克布尔诺，自 1975 年起在法国定居。

当今世界在文学地位和作品销量上最有号召力的大师之一，曾六次获得诺贝尔奖提名。长篇小说《玩笑》《生活在别处》《告别圆舞曲》《笑忘录》《不能承受的生命之轻》和《不朽》，以及短篇小说集《好笑的爱》，原作以捷克文写成。小说《慢》《身份》《无知》《庆祝无意义》、随笔《小说的艺术》《被背叛的遗嘱》《帷幕》和《相遇》，原作则是以法文写成。《雅克和他的主人》系作者戏剧代表作。2020 年，米兰·昆德拉获得弗兰兹·卡夫卡国际文学奖。

本书是米兰·昆德拉作为小说的创作者和研究者，于 1979 年至 1985 年之间写就，是米兰·昆德拉对小说艺术思考的集结。全书由 7 个部分组成，包括小说写作、书评、访谈，还有一章是有关米兰·昆德拉个人的 63 个词的词典——一部属于他小说的词典。

借由此书，读者可以了解米兰·昆德拉的艺术观点、风格、技巧和他对写作的态度、对文学传统的理解，以及在这个态度背后对人和世界的想法。

昆德拉的小说在结构上也很有特点，除了情节故事还穿插了大量议论，可以说没有议论就没有昆德拉。其中很多议论精辟、深刻，表现出昆德拉与众不同的思考。

——莫言

昆德拉写的是小人物，但运用的却是大手笔，不愧为世界文学的一位大家，足可与马尔克斯（1982 年凭借《百年孤独》获诺贝尔文学奖）媲美。

——李欧梵

不仅在于它表现的历史和思想对中国人有一定的启发性，而且作者那种轻巧的“片断体”，夹叙夹议的手法，拓展了文学技巧的空间。

——韩少功

昆德拉非常古典，是一个哲学化的小说家，他在书里的那种坚持，在作家中是很少见的。他的每一部小说都很努力，他会落在一个具体的时空，探讨人的存在状况。

——梁文道

分享嘉宾
真 真
作家 得到APP『每天听本书』
品牌解读人

让文学之翼栖息在你的精神花园中

——看米兰·昆德拉论小说的不可替代

让我们把时间拨回1987年。

那一年，昆德拉的小说首次在中国出版，那时中国正处于对文学的狂热中，他的书一出版，就卖了70万册——为什么昆德拉引起了这么大反响呢？

在很长一段时间里，中国文学一直受到现实主义传统和苏联文学的巨大影响。但与此同时，西方的小说潮流、各种主义却已经演化出了非常多的版本。这个“小说”不是中国的古典小说，比如《红楼梦》那样的作品，小说对于中国来说是一个舶来品。在昆德拉的时代，西方人对于小说的认知及其迭代已经超过我们很多了。因此，作为西方现代小说杰出的代表之一，米兰·昆德拉对小说的理解，对那个年代中国的文学从业者和爱好者造成了巨大的冲击。我们现在再看他这本《小说的艺术》，会发现有一些观点仍然是振聋发聩的，这本书中的文学观念是非常先锋的，甚至是有预言性的。

对这样一本先锋的文学理论的书，我想主要讨论三个问题：

我们跟随昆德拉，溯流而上，寻找一下现代小说的起源。

我们在小说、哲学和科学这三个看似不可比较的学科之间做一个比较。顺便回答一个问题：现在这个时代，我们读小说到底有什么用？

小说是如何认识世界的？

在这本书里，米兰·昆德拉反复提到一本书：塞万提斯的《堂吉诃德》。《堂吉诃德》是在文学史上公认的第一部严格意义上的“现代小说”。为什么要强调“现代”呢？因为在这之前，还有类似于“骑士小说”的东西。堂吉诃德就是一个阅读了大量骑士小说的人，读得昏了头，觉得世界就是骑士小说里写的那样。骑士小说不如我们现在看到的小说这样丰富细腻，骑士小说的世界是非常封闭的，它有点像童话，情节、元素往往是雷同的，比如结局很相似：作为主人公的骑士，最后总是会逢凶化吉，得胜归来。这种满是套路的小说，在我们现在看来，肯定是没有太大的文学价值的。这个时候，问题就来了，塞万提斯笔下这个满脑子都是骑士小说俗套情节的主人公，他来到了真实的世界，发现世界处处都和他读到的小说不一样，他面对的真实世界，是一个充满着不确定性的世界，每一个人都会像骑士小说的主人公那样最后胜利归来吗，正相反，大部分人是平庸甚至失败的。原来，不知所措才是人生的主题。

塞万提斯写的故事是有一定的指向和背景的，在中世纪，人们可能和骑士小说里描述的是一样的，大家都生活在一个非常确定的世界里，有困惑、疑问或者痛苦，可以去祷告，可以问神父，可以在上帝那里得到解答，但是当人们不再相信宗教，当人们被启蒙了，不再向上帝发问，当信仰这样一个巨大的精神的确定性被抽走，每个人自己去探索世界真相的时候，都会像堂吉诃德一样，梦破碎了，进入一个充满着不确定性的世界，这对他们来说是迷茫而且危险的。

这就是昆德拉想说的：面临突然而来的巨大的不确定性，堂吉诃德渐渐认识世界的过程，其实就是文学认识世界的方式。他感觉到了生活里其实有很多不能解释的事，而且做不出正义和邪恶那样非黑即白的判断——而这种认识，就是文学的认识。

这就是为什么说，《堂吉诃德》是第一部严格意义上的现代小说，它更谨慎，也更丰富；而非像之前的骑士小说那样，充斥着扁平人物和俗套剧情。

说回来，文学的认识，和哲学、科学的认识是不同的。哲学和科学的认识会给我们一个非常清晰的逻辑、一个确定的解答，但是文学的认识就是告诉我们，什么都不确定，事情总是没有非黑即白的答案。骑士小说、科学和哲学，都会说“是”和“不是”；而现实和文学，没法告诉你“是”和“不是”。

到这里，昆德拉说了书中的一个重要观点：小说的精神是复杂性。每一部小说其实都在告诉读者一件事情，就是：这个世界要比我们想象的复杂，每一件事要比我们想象的复杂，每一个人要比我们想象的复杂。这才是小说中永恒不变的真理。如果想用一句话概括一件事、一个人、整个世界，是一种妄念。

然而，我们现在的很多叙事方式，或者解答问题的方式是非常简单快捷的，这件事是对的或者错的，这个人是一个好人或者坏人，不停地定性，贴上各种标签。昆德拉对此很警惕。他认为，人类一直在面对的一个敌人，就是“简化”——整个民族的历史可以被简化成几个事件，而这几个事件又有一个非常明显的倾向，彼此之间有因果；人也被简化成了一张简历，变成了他的职责和要做的事情，而人性本身的丰富性，他童年受到的创伤是什么，他最喜爱的小动物是什么——这些都成了不值一提的事。事件中那些不确定的、毛茸茸的东西，在转述中被非常粗暴地剥离了。

所以在《小说的艺术》这本书里面，米兰·昆德拉大声疾呼的观点是：他认为小说能涵盖的东西远不是任何人，不论是读者还是作者能够一句话两句话解释清楚的，小说自从诞生以后就是非常多元的、动态的、有生命的，它并不完全依靠作者的意志而存在，作者也许想写一本什么样的书、反映了什么事情，但小说并不会听它的作者的话。没错，小说反射着现实，对现实进行变形和加工。但是小说就像现实一样生机勃勃，不是任何人能控制的。

比如托尔斯泰的《安娜·卡列尼娜》，这个故事一开始的时候，托尔斯泰开始动笔写安娜这样一个人的时候，安娜其实是一个不可爱的女人，如果我们早就知道故事梗概，我们读的时候甚至会觉得她的悲剧结局是她应得的。但是读到最后，读者都会对安娜产生了非常大的同情，我们合上书的时候，那种怅惘的心情会久久地盘旋在心头，我们甚至会流泪。

昆德拉说，他不认为托尔斯泰的道德观念在写作的过程中发生了改变，或者托尔斯泰对安娜的道德期待发生了改变。他认为，在写作的过程中，托尔斯泰听到了一种和他个人的道德信念不同的声音，这个声音就是小说的声音、小说的智慧。小说有了它自己的生命，它也有它的意志。他认为，“所有真正的小说家都聆听这一高于个人的智慧，因此伟大的小说总是比它们的作者聪明一些。那些比他们的作品更聪明的小说家应该改行”。

那么，小说的智慧是什么，到底什么是小说？接下来，米兰·昆德拉引用了一句非常著名的谚语，“人类一思考，上帝就发笑”。这是一句古老的谚语，可能很多人以为这是昆德拉的原创。这句话到底是什么意思，是说人类不应该思考了吗？不是，是说人类经常会把自己思考的结果当作全部的真理和全部事实，人类经常会忽略自己的思考是有局限的，可能是错误的。昆德拉的意思是，人类一思考，上帝或者如果存在一个全知全能的个体，看到了人类的思考的局限，就像井底之蛙，高声赞美着井口那么大的天空，他就觉得可笑。

我们细品一下，昆德拉引用这句话，其实也可以说是一句很尖锐的指责。他可能非常不同意培根的那句名言“知识就是力量”，和笛卡尔

说的“我思故我在”。这两句话说的是，人类得到启蒙以后，抛弃了宗教的束缚，开始用自己的眼睛去认识这个世界，觉得人类解放了，获得了一个伟大的进步。但是昆德拉冷眼旁观，他怀疑这一点。这两句话看上去非常正确，但是它暗含着危险。什么危险？人类误以为真正地认识世界的钥匙在自己手中，觉得只要思考、只要有知识，就可以穷尽这个世界的所有真理。人类在这个过程中试图依靠科学、哲学来厘清整个世界的一切。昆德拉说，堂吉诃德思考，桑丘也思考，然而他们不但找不到世界的真理，就连自我的真理也找不到，想只凭着科学和哲学两把刀料理一切，这样的行为只是盲人摸象。

所以，最早的欧洲小说家就看到了人类这样的新处境，当人类从宗教的束缚中解脱出来的时候，又进入了思考的陷阱，人类仍然需要认识世界的途径。小说家们就为这个处境提供了一个解决方案：小说。虽说“人类一思考，上帝就发笑”，但昆德拉和他这样的小说理论家和小说家要告诉上帝，不要笑话人类，人类并没有那么狭隘，我们还有小说，这就是我们人类认识世界的工具。

这才是人了不起的地方，这也是《堂吉诃德》重要的原因。它告诉我们，人在面对世界的时候，其实和这位看起来很傻很疯狂的骑士并没有什么本质的区别。这个骑士面临的困境和危险，也是我们正在面临的。

所以在昆德拉看来，作家塞万提斯创造堂吉诃德这个人物，所贡献的价值是绝对不亚于哲学家笛卡尔的。塞万提斯和笛卡尔是一样的，都是要去探索未知的世界，对这个失去了上帝、不再确定的世界发出疑问。但是不同的地方在于，笛卡尔的疑问是为了给出确定的答案，而塞万提斯的疑问纯粹是疑问，他就是想要去探索更多不同的可能性，他不着急要一个答案。

当我们身处信息时代，我们可以看到很多的影视剧、短视频，我们了解一个故事的方式可以有漫画、动画等等，太多了，太精彩了，个个都比一页一页读书的刺激大，读小说的人好像越来越少了。昆德拉对这个现象没有感到悲观，他真正想要否定、也是我们需要反思的一点是，小说面临的真正威胁，是人类变得越来越简单的思维，而这种思维的背后，是对一个简单答案以及确定性的强烈渴望。我们觉得，虽然没有神仙上帝来提供对一切事情的解释，但是科学可以解释一切、哲学可以解释一切。这个想法同样是危险的，崇拜科学和崇拜上帝，在昆德拉看来是一样的，他觉得，这种行为都是对唯一正确答案的追求，其实是一种新的愚昧，不假思索地接受现成的思想，人云亦云，昆德拉把这种新的愚昧叫作“现代意义上的愚蠢”。昆德拉甚至认为，在这个对科学和理性充满自信的骄傲的时代，“愚蠢”是一个最伟大的发现，他觉得这个发现比弗洛伊德发现潜意识更重要。我们可以想象这个世界没有精神分析，但是我们知道这个世界不会没有固化思维和庸俗见解。人们过去可能觉得愚蠢、无知是一种缺陷，是一种可以通过启蒙运动、通过学习和知识来得到治愈的疾病，但是昆德拉却说，愚蠢是人与生俱来的特质，科学和哲学的进步不但不会治愈它，反而会使它变本加厉，使人变得越来越单调。

那么再看今天，当我们谈论小说的时候，有的时候我们会去讨论这个小说的中心思想是什么，我们会问托尔斯泰、卡夫卡、博尔赫斯、马尔克斯的小说的中心思想是什么？比如卡夫卡的小说《变形记》，一个职员早上醒来突然变成了一只甲虫，它的中心思想是什么？我们往往一句话概括，把它理解为工业社会对人的摧残、对人的异化；我们也可能会把《红楼梦》理解为人类对封建制度的反抗，体现了封建制度的腐朽，这是一种非常常见的解析文学和理解小说的方式。

但是昆德拉认为，这样的讨论从一开始就错了。没错，我们当然可以从小说里总结出一些思想，但是这些思想本身都是实验性的，它是一个实验环境，就像我在前面说的，它是一个小说家的疑问，它是一个开始，而不能是小说家给出的“一句话答案”。

小说家不喜欢因果关系。举个例子，因为太阳出来了，所以我的屋子亮起来了——这件事在小说家眼里不是一个因果关系，只是一个线性的时间上的关系：太阳出来了，然后我的屋子亮了。如果一个小说里所有人的行为都是因果关系，这样的故事是非常无聊可怕的，没有人要去听一堆明确的因果。

还是说《安娜·卡列尼娜》。最后，安娜走到铁轨旁边，忽然就跳下去了，是她计划这样做吗？是她决定了要自我了断吗？当然不是。在小说里，安娜本来是不想这么做的，那天她是要去找她的情人沃伦斯基的，但是她走到铁轨旁边，忽然就跳下去了。这里面其实没有因果，而且托尔斯泰在写这本书的时候，也不希望我们认为安娜是出于长期的对于情人的内疚才自杀的，她就是受到了某种神秘力量的感召。托尔斯泰在书中安排安娜吸食鸦片，然后在恍惚中卧轨自杀了。但身为读者，我们读到安娜死在火车站的时候，就会想起小说开头，她就是在火车站和她的情人相遇的。相遇是偶然事件，自杀也是偶然事件，在小说里这只是一个神秘的偶然事件的呼应。我们想象一下，如果世界上真有安娜这样一个人，或许她是因为意识到自己这段爱情是没有希望的，她在火车站开始了这样一段爱情，也希望在火车站结束一段没有结果的爱情。有没有这种可能？当然有可能！我们可以这样猜，但是托尔斯泰没有给出这样的心理描写。托尔斯泰对这件事逻辑和因果的态度是什么呢？我们看原书，当火车从安娜的背上碾过的那一刹那，安娜突然惊醒了，她问自己，这是在哪里？我是在做什么？我到底为了什么？她竟然也不知道自己为什么突然卧轨自杀。所以，托尔斯泰伟大的地方不是说他写了一个通奸的故事，要去说教，告诉人们出轨的女人没有好下场。他真正的伟大之处在于，他写出了人物行为的复杂性，写出了人在理性和非理性之间做选择的这种挣扎的状态，而这种魅力永远没有办法用因果关系或科学和哲学来一一解释清楚的。

还有一个例子，可以说明文学作品和现实之间的关系。米兰·昆德拉有一本小说《玩笑》，其中有这样一个情节，主人公所有的同学投票赞同把他从大学里开除，这在当时那个时代来说微不足道，但是主角却从此意识到一个问题，就是他的同学们今天能够轻松地举手把他开除，那在某一个时刻，他们也同样能够轻松地举手赞同把他处死。昆德拉在小说里给人下了这样一个定义，人就是一个能在任何情况下靠投票来杀死同类的物种，人类的理性和理性中的残忍昭然若揭。在这一刻，米兰·昆德拉说的这个问题，就不只是小说的中心思想在某一个历史背景或时代下才有的意义，他说的是人和人之间永远存在的一个永恒不变的现实和问题，就是功利主义的悲剧，就是多数人对少数人的暴政。所以，米兰·昆德拉在小说《玩笑》里提出的这个问题，就有了一种永恒的价值。

一个小说家要永远保持着实验性和开放性，去发现生活中那些我们习以为常的简化的认识，他要感觉到各种不对劲，要永远怀疑世界，要永远对世界保持好奇，不管他用的是什么题材，不管是非虚构、童话或科幻，不管是写实还是魔幻现实主义的手法，不管修辞、题材是什么，他最后要做的那件事情，都是拿起那根刺破确定性的气球的针，扎下去。

讲到这里，我也想跟大家聊一下学术之外的，我作为一个作家、一个写作者的一点点感受。

我曾经和两位与我年纪相仿的作家朋友在一起聊天，聊天结束时，一位朋友先走了，另外一位朋友面色非常凝重，很严肃地跟我说，刚刚离开的这位朋友要小心一件事情，因为他现在处于一个非常危险的境地。他说这位朋友作为一个作家、写作者，应该对他的文字有要求，但是他在刚才谈话的过程中大量地使用了一些网络上的流行用语，用非常粗糙的语言很粗暴地“打包”了一个概念，这种打包是很危险的，说明他接受了网络用语，也接受了网络用语那种粗暴地打包一种感觉、并且把这种感觉定性为一种戏谑的姿态，去嘲弄一些他不熟悉的人。

文学上有一个词叫 distancing effect，间离效果，就是说我们要想把一个寻常的事物写得有感知、能让我们重新感知它的时候，必须用一个陌生化的效果。如果我写这么一句话：“我急得像热锅上的蚂蚁一样”，你完全不会感觉到我有多么紧急，因为我用了一个非常俗套的句子去打

包这种感受。当我们看到这种俗套的表达时，读者和这位作家之间就形成了一个屏障，我们就不再和作家站在一起了。那位作家朋友就是在疯狂使用这种打包，它的确是流行俏皮的，但可能一个月以后这个词就不流行了，比如说“蓝瘦香菇”（难受，想哭）这个词去年很流行，但今年讲的话就会很老土。不是说过时有什么罪过，而是使用这些词时，我们不去辨认自己的情绪：我为什么难受；我为什么想哭；你能懂我的意思吗；我把我自己说明白了吗；你能作为一个和我一样的人，平等真切地感受我的感受吗……这些问题，他统统都不好奇了，只用一句轻飘飘的“蓝瘦香菇”划过去了。这对于一个文字工作者，一个靠感受人和文字的复杂关系为职业的人来说，或许的确是特别严重的一个事情。

“书与你”的活动办了这么多期，今天是最后一期。我们一直在说书，一直在说阅读、说文学和小说，那么回到最初的那个问题：我们到底为什么去读书？我们为什么在这么忙的时代还要一字一句、一行一行地阅读文字，做一件好像非常吃力不讨好的事情？

虽然网络上、电视上，我们打开手机，各种平台、公众号有那么多强烈的情绪和那么密集的信息和观点，但这些都缺少的一个东西，就是那些柔软的、细腻的、毛茸茸的、很脆弱的小细节，就像堂吉诃德来到现实世界时，那种鲜活奇异的感受。在我们看书、读书的时候，文字一针一线细腻的纹理，会让我们再次看到这位作家是怎么看这个世界的，那种视角是极其珍贵的。这些毛茸茸的感受，可能只有通过阅读这样非常内心的、细化的、自我的、不足与外人道的精度和颗粒度的表达，才最能够抚慰我们作为一个人内心底层的感受。这些感受绝对不是短视频和大部分流量影视作品所能够容纳得了的，只有在小说的阅读中，我们才能感受到这种精度的细腻抚慰。

不是小说需要读者，而是读者需要小说。

主持人： 请您用简短的语言概括一下，您认为“阅读”是什么？

真　真： 阅读是一副特别厉害的AR眼镜。它不像真实的科幻片里的AR眼镜那样，能给我们那么多信息，在看到一个人的时候，知道他的身份和血型；看到一栋建筑的时候，知道它的所有出口在哪里。阅读这副AR眼镜，会让我们在阅读的时候，装上作家的眼睛和他的大脑。书会悄悄在我们耳边说话：它会让我们去看看妈妈手上的皱纹走向，它会提醒我们去看坐在墙角的男孩长着一双悲伤的眼睛，它会提醒我们看一颗硬币落地后旋转的轨迹……它会提醒我们注意到作家所注意到的东西。

所以阅读是一副有限制的、有颜色的、一点都不高科技的、有点笨拙的AR眼镜，但是我们可以通过这副眼镜和这个时代，甚至是几千年前最聪明、最特别、最细腻的那些大脑同频共振，我们跨越时空、种族和文化，共同用一双眼睛来看待这个世界。

阅读弥合了一切，阅读就是通天的巴别塔。这就是我心中阅读的神圣之处。

真真“阅读”主题私享书单

《文学之用》

〔美〕芮塔·菲尔斯基　著　刘洋　译
南京大学出版社　2019 年版

文学到底有什么用？我们今天讨论的这个问题，这本书挖得很深。作者认为文学的用处有四点：认识、着魔、知识和震惊。比如，他提醒我们，我们会不能自制地、本能地在我们读到的书中发现我们自己的痕迹，从而完成对自我的再认识。我们看待事物的视角也变了，这点跟我刚刚说过的 AR 眼镜很像，我们可以看到之前看不到的东西，因为有作者的引导，小说语言的力量可以把我们从平庸日常中拉出来。书虽然很薄，但是旁征博引了很多小说和文学理论，有相当的阅读难度，需要一定的名著阅读量，推荐给想要进阶的文学爱好者们阅读。

《小于一》

〔美〕约瑟夫·布罗茨基　著　黄灿然　译
上海译文出版社　2021 年版

这本书很出名，布罗茨基文论的风格智慧深沉。他是个风趣犀利的家伙，读他的书需要一点门槛，不过如果你能读得进去米兰·昆德拉的话，你也一定会喜欢布罗茨基。我特别推荐这本书里的一篇文章《取悦一个影子》，如果你是一个写作者，我觉得这是一篇必读的文论。

布罗茨基在这篇文章中提到了一个观点：一个作家写作的时候，到底是写给谁看的？是写给他的老师看，写给他的爱人看，写给他的朋友、最好的读者看，还是写给他自己想象中的最大众的会买他书的读者看？他给的答案是，你要写给那个启发你、让你想要写作的作家看。比如说我看了马尔克斯写的小说，我也想写小说，那么我落笔写的东西就是写给马尔克斯看的，这样的话就会保证我的写作水平是非常高的，就像一个尊敬老师的学生不敢乱写作业一样。布罗茨基还说，你的这个老师，最好是去世了，这样他永远不能给你反馈。

开个玩笑。比如说我自己吧，我写小说，就得假设我喜欢的作家马尔克斯会看到我的作品，他虽然不能给我反馈，但是在我死后，我俩的灵魂相遇，马尔克斯会拍着我的肩说：姑娘，我看了你写的小说，我觉得你写得不错。按照布罗茨基的意思，我对自己的作品要有这种要求才可以。

《文学的读法》

〔英〕特里·伊格尔顿 著 吴文权 译
海峡文艺出版社 2021 年版

这是一本新书，有5个章节，从文学分析的角度去读文学，讲了开头、人物、叙事、诠释和价值。这本书的感觉有一点像《文学之用》，但是相比《文学之用》来说可读性更强一点，也是一本需要有门槛的书。

《写给无神论者》

〔英〕阿兰·德波顿 著 梅俊杰 译
上海译文出版社 2021 年版

这本书的作者是英国著名散文作家、英伦才子阿兰·德波顿。德波顿在中国很出名的一本书是《旅行的艺术》，十年前非常红，我记得那个时候文学爱好者几乎人手一本《旅行的艺术》。《写给无神论者》这本书遥遥地呼应了米兰·昆德拉没能讲透的一个问题。过去人类处于蒙昧时代，依靠信仰和宗教的力量去解答自己的问题。昆德拉说，现在我们可以依靠小说；而德波顿说，没关系，我们还有宗教，即使你不信神。其实如果直译的话，这本书的书名应该是《宗教之于无神论者：一名非信仰者关于宗教用途的指南》，作为一个不信神的人，如何在宗教中汲取营养，比如说在道德精进、心灵抚慰、人际和谐这些层面上，如何能懂得群体相处的艺术，如何能欣赏得了宗教的建筑、艺术，如何能够拥有宗教中悲悯和慈善的精神，如何获得内心的平静。

我尤其推荐有能力的读者阅读这本书的中英对照本。我手上的这本是梅俊杰老师翻译的中译本，古雅优美，德波顿的英文也非常美丽，高级的词汇他用得精准，简单的词汇他组合得优雅，不愧是英伦才子。

《小说六讲》

王安忆　著

上海人民出版社　2021 年版

王安忆在本书中说了这么一个观察：《红楼梦》里面的人物见面聊天总是谈病问药，电影是不可以那样一五一十地悠闲地聊的，但是小说允许像生活中一样聊天，当然这也是一种虚拟的生活。一旦开始聊天就不平凡了，比如说《红楼梦》中的人见面往往是谈病，病其实就是一个很有意味的、有隐喻性的事，比如林黛玉有先天不足之症，她自己说会吃饭的时候便会吃药，所以宝玉常在她的衣服里、房间里嗅得一股幽香，这就是煎药的气味。可能我们就会想，是不是跟黛玉的前生有关，她是绛珠仙草。而宝钗的药是花蕊制成，她是一个富贵命。而宝玉的病都跟那块玉有关，因玉而生，因玉而止。病和药都不是直观的，而带有一种非常精神的特质，特别适合在小说、在文字中体现。

所以王安忆就在这本书里提出，小说要格外敏感于事物的精神，这是最合乎文字材质的想象。反推回来，小说里对事物和精神之间的敏感联系，这也是唯独小说才能做到的，电影、电视剧和网络文章是不愿去实现如此细腻的精度的。因此，这本书可以说是从中国小说的角度来谈米兰·昆德拉的论点。

这本书也是我推荐的几本书当中门槛最低的，《小说六讲》用最平实、最朴素的语言讲小说和文学对一个普通人的必要性，以及小说是如何滋养我们的内心。

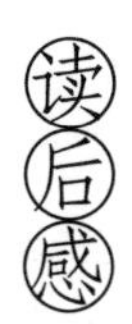

共享阅读力学习力，提升影响力幸福力

银龄书院作为老年阅读公益平台和韬奋基金会读联会会员机构，2021年参加了由韬奋基金会读联会主办的“书与你——‘阅读’之道系列图书共读”活动的十二场公益阅读讲座，共组织两个教学班、三百多位老年读者持续半年坚持线上收听每一场讲座，另计有一百多人次参加线下沙龙活动。结合十二位分享嘉宾的解读，银龄书院又组织了七次领读者强化培训，继续深耕延展解读其中的十本经典图书。

“书与你”系列讲座和银龄书院举办的相关延展活动，在银龄书友中产生了非常好的回响和共鸣，银龄书友们用一百多份文字和图片记录分享了他们的感悟，篇幅所限，现摘编精要如下。

《阅读的艺术》

在读书过程中，书中的故事对你有所触动和感动的就是和作者在交流，阅读让你流泪、让你大笑、让你随想。

阅读的同时要记笔记、记回忆、记美好，分享阅读之美。我在银龄书院演出情景朗读剧《红岩》《刘胡兰》《王二小》《苦菜花》，就是用艺术立体地再读经典。用作者的话：阅读就是唤醒沉睡的自己，同时打开自己的视野。

——石磊

《为什么读书》

阅读不止于读书，读书只是阅读的方式之一。

行万里路，读万卷书，饱览祖国的大好风光，遍享中华美食，阅历各地风土人情，阅读圣贤典籍，感受哲人的思想，为我所用。

就为这，好好读书。

——安玉静

《阅读史》

我俩是中学同班同学，退休后又在银龄书院一起读书。更新阅读概念是我们读《阅读史》最大的收获。

阅读是广义的，读书仅仅是阅读的一种。修车人每修一部车就是对这部车的阅读，研究它每个部件的功能、现状如何，以及磨损程度等都是对这个车的阅读。

我们走模特步，从懵懂地学习模仿、练习、再学习，这个过程应该也算是一种阅读方式。

我们演名著的情景剧，更是对剧中自己所扮演角色的深度阅读。

——冯晓霞　徐心红

《如何读，为什么读》

读书，是孤独可以提供给你的最大乐趣之一，是一种生活方式，是休闲、是学习，是对孤独和热闹的双重逃离。

来到银龄书院一起读书，让我从孤独、焦虑中走了出来，通过读书学习，我能够写出心得体会，还在北京广播电台老年之友节目播出呢。

——赵香琴

《书读完了》

一本书读完了，人生的书永远读不完，只有真的到那一刻，才真的读完了。

我们不仅是在读一本书，更是在读人生这本大书，表演广播剧、情景剧，就是体验经典中的不同人生，就是读书。

我的读书清单永远读不完。

——刘桂云

《我的阅读观》

阅读可以改变一个人的生活。

上大学时我性格内向，很少参加活动。

进入银龄书院后，我好像变了一个人似的，演出情景朗读剧《麦琪的礼物》《刘胡兰》《野火春风斗古城》，进学校、进社区、进书店，还送戏下乡，我们将对阅读的热爱影响着周围的所有人。

——金艺琳

《阅读的故事》

把爱留在记忆里，把阅读的故事留给自己最老的时候听。

我和老伴在银龄书院一年零五个月的阅读，是一种心灵归家的感觉，是温暖的陪伴。夫妻共同在这里读诗、写作、朗诵，做故事传承人、表演情景朗读剧、拍微电影。

因为阅读，我们还登上“央视频”《北京日报》《北京晚报》《北京》等媒体，阅读的故事真多呀。

——罗文章

《为什么读经典》

读《钢铁是怎样炼成的》让我们年轻时树立了革命理想；读《红岩》让我们以许云峰、江姐为榜样；读《老人与海》增强了我们战胜困难和疾病的勇气。

疫情期间，参加线上线下阅读经典、朗诵诗歌、表演展示活动，极大地丰富了老年人生活内容、提高了老年人生活质量，自己的精神面貌也发生了巨大的变化。

——孟群丰

《如何读懂经典》

如何读懂经典，以前我还真不懂，通过读联会老师的讲课，特别是通过参加银龄书院改编的《安徒生童话》《欧·亨利短篇小说》《莫泊桑短篇小说》《契诃夫短篇小说》同名朗读剧、对口剧、广播剧的演出，通过饰演经典作品中的角色，去和经典中的人物做朋友，和他们交心、谈心、沟通，我对如何读懂经典有了新的领悟。

——李素梅

《书与你》

老师讲得很形象，我眼前出现一个大院里若干房间的画面。在这个“书香大院”里，可以到任何房间走走，有些可能是客人家，有些可能是朋友家，还可能是亲戚家，或是自己的家。

自己喜欢的书、知识深邃的书、内涵丰富的书，都要读。除文学类外，再读些富有哲理的、方法论方面的书，这样让自己读书的脚步更快些，更快些。

——冯秀平

《如何阅读一本书》

阅读过程中越主动效果越好。主动设定阅读目标，我的目标就是通过阅读让自己快乐，这也是阅读的动力。

把目标和自己的时间相结合，带着目标坚持下去，我觉得自己的阅读能力和信心都在提升。

我在阅读中不忘写下自己的感受，在自媒体和美篇中分享，不论短文或随笔都是有感而发，这是和作者的交流，也是对作者的敬意。

——陆庆宏

《小说的艺术》

小说具有永恒的价值和魅力。随着一页页纸张的翻开、一串串字符的跳动，我们被作家带入特定的场景中，带到鲜活的人物身边。

那种身临其境、触手可及的感觉使人忘却自我，身心愉悦。而电影电视看似真实，却让人总觉得是在编和演，有一种疏离感。所以那些改编自小说的影视作品永远不及经典原著有魅力。

现代网络冲击着人们的注意力，但这些快捷、密集的信息让人觉得冰冷无感，甚至有强加之嫌。只有在小说里，才有我们这个时代最缺少的一个东西，就是那些柔软的、细腻的、毛茸茸的小细节，让人感到暖暖的。

——谢淑敏

感恩韬奋基金会读联会，感恩前行！

银龄书院

2022 年 1 月 13 日

共读的力量

如何策划、发起、实施操作并完成一个有影响力、辐射力、凝聚力和互动性的大型共读活动，以对全国各地的会员机构和其他社会阅读组织起到集体性的共读召唤和长期坚持阅读推广的信心加持，是韬奋基金会读联会的应有之责；如何以专业的视角和标准输出高质量的阅读推广理念和内容，也是韬奋基金会读联会的本位之责；发动并联结组织更多的会员机构参与主题阅读活动，则是韬奋基金会读联会在阅读推广上的一个具体行动。

为期半年的“书与你”公益共读活动得到了韬奋基金会读联会常理机构、理事机构、会员机构的广泛参与和各种支持，我们由衷地致敬和感谢——

感谢韬奋基金会、中国新闻出版研究院的特别指导，感谢得到 APP 的联合主办，感谢北京百万庄图书大厦有限公司、“书香三八”读书活动组委会、普禾书吧城市文化空间、未来精英（北京）教育科技中心对“书与你”公益阅读共读活动的线上、线下活动的特别支持。

感谢以下 49 家会员机构的积极参与（排名不分先后）：

一起悦读俱乐部、叁草读书会、银龄书院、莲子读书俱乐部、永城市知行读书会、北京蔓来读书会、爱读邦（幸福读书会）、天津共鸣读书社、逸品阅读协会、诗远经典阅读、悠贝亲子图书馆、普禾书友会、七彩书院、宝龙章读书会、北京百万庄图书大厦、新雅阅读会、大庆日报大庆书友会、雅悦草堂读书会、初心同行阅读推广中心、全国“书香三八”临澧读书会、汉梦清音读书会、惠人书友会、淮南第二书房读书会、江苏省盱眙县全民阅读促进会、“未来精英”创意阅读季、新华·静享读书会、艾阅迪英文图书馆、宿州读书会、上海一周一书社、荆州新青年读书会、知行读书社、自在书房、飞鹰读书会、嘉兴趁早读书会、河南省漯河市图书馆、相聚星期三读书沙龙、“书香三八”读书活动组委会、新三板读书会、沁源县图书馆读书学会、童想阅读家、飞芒书房、海大 MBA 读书会、天津理查读书会、悦读读书会、万卷童行小黑鱼读书会、中四读书会、约读书房、轩逸读书会、幸福家庭读书会。

感谢韬奋基金会读联会各常理机构给予的设备支持、空间支持和工作人员支持，也特别感谢张程理事的媒体工作支持和薛晓萍理事的线下活动组织支持。

感谢“书香三八”的杨乐老师、赵相机老师的视觉设计支持；感谢“书香三八”的董嘉浠、张伟的录音、编辑整理、摄影支持，感谢北京百万庄图书大厦的张颖、王雪线下沙龙活动的布场及各项总控安排，感谢未来精英的王品壹对整体活动的参与支持。

在此也要特别感谢我们读联会秘书处的全体工作人员团队，包括（以姓氏笔画为序）王晨宇、吴问涛、苏林、赵从旻、赵敏、徐升国等，他们在策划、撰稿、嘉宾统筹、技术统筹、直播主持、沙龙主持、会员管理等方面的专业付出、义务奉献和非凡耐心是本次活动能够顺利完成的有力保障。

以上所有人员的共同参与,确保了“书与你”公益共读活动的顺利完成。

最后,尤其要特别致敬和感谢的是中国新闻出版研究院魏玉山院长、中国书籍出版社王平社长、刘向鸿总编对“书与你”公益共读活动项目的出版支持。感谢本书责任编辑庞元、杨铠瑞细心认真的编辑支持。

2022 年，我们将与大家一起继续传播、推广我们的“阅读”之道。

韬奋基金会阅读组织联合会

2022 年 1 月